教育部人文社科重点研究基地
浙江省新型重点专业智库
浙江工商大学现代商贸研究中心

中国分销渠道体系重构
与分销新生态培育

郑勇军　余琼蕾　等著

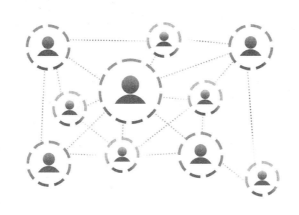

中国财经出版传媒集团

经济科学出版社
Economic Science Press
北京

图书在版编目（CIP）数据

中国分销渠道体系重构与分销新生态培育/郑勇军
等著．－－北京：经济科学出版社，2023.6
（现代商贸流通重大战略研究丛书）
ISBN 978 - 7 - 5218 - 4755 - 0

Ⅰ.①中…　Ⅱ.①郑…　Ⅲ.①分销 - 购销渠道 - 研究
- 中国　Ⅳ.①F713.1

中国国家版本馆 CIP 数据核字（2023）第 081321 号

责任编辑：于　源　郑诗南
责任校对：郑淑艳
责任印制：范　艳

中国分销渠道体系重构与分销新生态培育

ZHONGGUO FENXIAO QUDAO TIXI CHONGGOU
YU FENXIAO XINSHENGTAI PEIYU

郑勇军　余琼蕾　等著

经济科学出版社出版、发行　新华书店经销
社址：北京市海淀区阜成路甲 28 号　邮编：100142
总编部电话：010 - 88191217　发行部电话：010 - 88191522
网址：www. esp. com. cn
电子邮箱：esp@ esp. com. cn
天猫网店：经济科学出版社旗舰店
网址：http://jjkxcbs. tmall. com
北京密兴印刷有限公司印装
710×1000　16 开　12.5 印张　205000 字
2023 年 6 月第 1 版　2023 年 6 月第 1 次印刷
ISBN 978 - 7 - 5218 - 4755 - 0　定价：52.00 元
（图书出现印装问题，本社负责调换。电话：010 - 88191545）
（版权所有　侵权必究　打击盗版　举报热线：010 - 88191661
QQ：2242791300　营销中心电话：010 - 88191537
电子邮箱：dbts@ esp. com. cn）

本书为教育部高校人文社会科学重点研究基地重大项目"互联网经济视阈下中国分销渠道体系重构及竞争力提升研究"（18JJD790014）资助成果。

前 言

　　随着生产力的飞速发展，我国实现了从物资匮乏到产品极大丰富的转变。在商贸流通领域，产品供给和消费需求相互驱动，从供给导向逐渐转向消费导向，从早期的卖方市场转变成当前的买方市场主导的市场结构（杨慧，2003）。流通，作为社会再生产的重要媒介，在社会经济整体发展中地位日益提高（易明，2005）。在宏观层面，与流通有关的产业已经成为当前国民经济的基础性和先导性产业，是促进消费升级、推动经济可持续增长的重要抓手（丁俊发，2017；中国人民大学书报资料中心经济编辑部课题组等，2018）。在微观层面，企业间的竞争也开始从生产领域逐步拓展到流通领域。节约商品流通成本、提高商品销售利润、挖掘流通渠道潜力逐渐成为现代企业提升竞争力和实现可持续发展的重要抓手。

　　我国的流通行业在市场化改革的引导下取得了丰硕的成果，但仍然存在着流通渠道过长、效率低下、组织化程度低等薄弱环节和短板问题。如何提升流通体系建设、消除商品流通瓶颈，成为当前政府、行业、学术各界关注的焦点问题之一（杨万寿，2020）。分销和分销渠道是流通活动的重要载体，改进和提升分销渠道体系建设是解决我国流通行业发展短板问题的重中之重。

　　进入 21 世纪，以数字化、多样化、全球化等为特征的外部环境的变化也对分销渠道体系发展提出了更高更新的要求。首先，信息、网络技术的迅猛发展，给传统的流通渠道体系带来了巨大的冲击，运行了近一个世纪的以实体渠道结构模式为依托的传统分销渠道体系，因为互联网等新技术的出现，需要在渠道结构模式与运行机制等方面作出相应的变革。其次，消费需求从标准化向个性化转变，传统分销渠道模式的规模化交易理念需要作出改变来满足消费者的需求变化。最后，经济全球化带来的全球化竞争，给分销渠道体系内各个机构和企业的协作与竞争提出了新的要求，传统机构企业尤其是批发零售企业长期沿用的靠自身积累扩大企业规模从而获得个体竞争优势的理念与方式将被全新的"合作竞争"模式所取代。

面对"如何顺利转入高质量发展轨道"的挑战，党的二十大报告提出了建设数字中国的战略目标，提出了要加快发展数字经济，促进数字经济与实体经济深度融合，创新服务贸易发展机制，发展数字贸易等系列战略举措，确立了中国流通业数字化发展的方向。从20世纪90年代开始，我国以互联网技术为基础的互联网经济已经逐渐覆盖了大部分的经济领域。而近几年移动互联网、5G技术的成熟与推广，使得互联网技术与实体经济进一步深度融合，社会经济交易成本进一步下降，流通业供给规模迅速扩大（魏新等，2017）。同时，诸多基于移动互联网而催生的流通平台开始出现，充分抓住互联网经济发展带来的历史机遇，成为分销渠道体系发展和变革的重要突破口。比如O2O、众包物流、共享流通、新零售等新兴流通模式，提高了顾客的体验质量，丰富了顾客的消费选择（陈杨等，2019）。

为此，本书从一个较过去更为宏观的角度来分析分销渠道体系历史演变以及探索新时期可能出现的变革趋势，以推动数字经济背景下分销渠道体系的理论创新，进而为改善分销渠道体系决策、优化分销渠道结构、提升分销渠道效率提供建议。

　　本书受教育部人文社会科学重点研究基地重大课题"互联网经济视阈下中国分销渠道体系重构及竞争力提升研究"（18JJD790014）项目资助，是作者及其研究团队多年来的集体研究成果。其中，郑勇军负责全书的总体设计，以及编辑和统稿工作，并承担了前言及主要章节核心内容的撰写和修改；余琼蕾负责第一章、第二章、第三章、第五章和第六章的撰写；邱毅负责第七章和第八章的撰写；孙宁负责第四章的撰写并参与了第六章部分内容的撰写；郑红岗参与第六章部分内容的撰写；朱盛妍参与了文献资料整理以及部分内容撰写及修改工作；叶煜参与了第五章和第六章的撰写；研究生周亚铭和潘美玲参与了第七章的撰写，方玉萍和王亚博参与了第八章的撰写。浙江工商大学现代商贸研究中心余福茂教授协助课题组负责人郑勇军开展课题研究活动，在郑勇军调离高校后承担起了组织者的角色，并参与了部分统稿工作。在此对余教授的帮助和辛勤付出表示衷心的感谢。书中有关论述难免出现谬误，恳请同行、读者提出批评意见。本书写作过程中参阅了大量相关文献资料，难免出现参考文献引用的疏忽，对于本书中引用但是由于疏忽而没有在参考文献中准确指出资料出处的情况，表示诚挚的歉意。

郑勇军

2022 年 5 月

目　录
CONTENTS

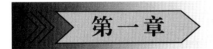

第一章

分销渠道与分销渠道管理

一、分销渠道概念

在市场经济中，流通作为生产与消费的中介，在经济发展过程中起到了越来越重要的作用（易明，2005）。分销渠道理论是经济学流通理论外延至管理学领域的重要内容之一，对它的研究一直是理论界关注的焦点。

分销渠道（distribution channel）是商品流通渠道的一种，它是在市场经济、社会化大分工、市场营销和组织管理长期发展的条件下，逐步演变而来的。商品流通渠道大致经历了直销渠道、分销渠道（即中间商渠道）、网络直销/分销渠道这一发展路径。直销是一种最为传统的销售方式，即生产商直接将商品售卖给终端消费者，而不经过任何中间环节（严巧云，2015）。但随着社会商品流通规模扩大，开始产生专门从事商品交易活动的商人。商品通过中间渠道从生产商转移至消费者的过程区别于直销，称为分销（哥乔斯等，2013）。

作为分销活动的重要内容，美国市场营销协会（American Marketing Association，AMA）在 1961 年定义分销渠道为能够使商品和服务上市行销的商贸、服务企业，包括了生产企业负责销售的部门、代理商、经销商、批发商和零售商等（肖兴政，2013）。菲利普·科特勒（Philip Kolter）认为"分销渠道是促使产品或服务顺利地被使用或消费的一整套相互依存的组织"（科特勒，1997）。与分销渠道的组织观不同，张广玲（2005）在《分销渠道管理》一书中认为分销渠道是产品或服务由生产者转移到最终消费者（用户）的通道或路线，是企业完成其产品（服务）的交换过程，是实现价值、产生效益的重要载体（田波等，2005；吴东升，2008）。菲利浦·科特勒认为，营销渠道是指货物或劳务从生产者向消费者移动时取得这种货物或劳务的所有权或帮助转移其所有权的所有企业和个人。分销渠道是促使产品货物和服务顺利经由市场交换过程，并将其转移给消费者用户消费使用的一整套相互依存的组织（张世新等，2011）。夏海洋等（2005）认为，分销渠道是促使产品或服务顺利地被使用或消费的一系列相互依存的组织的集合，其任务是把商品从生产者转移到消费者或用户手中，使消费者或用户可以在适当的时间、适当的地点买到自己需要的商品。

可见，分销渠道是指商品或服务从生产者和服务提供者到最终用户之间的流通途径以及由此形成的流通网络。该流通网络包括了各种中间环节的分销组织和其他参与者。分销渠道是介于生产者和消费者之间的桥梁，分销渠道的起点是生产者，终点是消费者。

总的来说，分销渠道具有以下特点：一是分销渠道是为了满足消费者消费需求建立的生产商与消费者之间的商品传递通道，其中的生产商、中间商、零售商、消费者等群体相互沟通，使得适当的商品通过分销渠道在适当的地点、适当的时间、适当的价格条件下发生转移；二是分销渠道是一群具有商品转移共同目的，但分工不同、相互依存的组织和个人的集合，具有虚拟化网络组织的特征，分销渠道内既存在共同利益，又有各组成部分的个体利益，因此需要协调和管理；三是分销渠道可长可短，其长短将决定商品的市场影响力、转移成本和转移速度（庄贵军，2012）。

分销渠道主要构成群体是生产商群体、中间商群体（涉及代理商、经销商、零售商等）、消费者群体，商品通过分销渠道实现在市场上的流通（见图1-1）。从宏观上来看，分销渠道是连接生产和消费两个领域的桥梁，是商品转移以及实现企业价值和客户价值的重要通道之一。从微观上来看，分销渠道包含了生产商、中间商、消费者等，并可以拓展至金融、保险、运输、仓储等支持性市场活动，这些组织和个人共同实现了商品转移的全过程

（施炜，2018）。

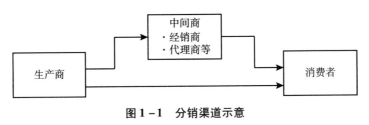

图1-1 分销渠道示意

资料来源：由笔者整理绘制。

二、分销模式

目前，在商贸流通领域，除了直销直营以外，市场上的分销模式主要有代理与经销、连锁与特许经营、网络分销、国际分销等。

（一）代理与经销

代理，即代表授权方销售商品或服务。一般在代理过程中，代理方和被代理方之间没有商品所有权的转移。代理商被授权处理产品的销售价格和销售条款，并以销售佣金获利。代理分销过程中，如果出现商业纠纷，被代理方将承担相应的法律责任。

经销是另一种商品分销模式，但在经销过程中，商品或服务的所有权一般会发生转移。因此，经销也可以被称为转售。经销商通过转售产品的差价、返利等获得利润。经销过程发生的商业纠纷，经销商将依据经销合同承担相应的法律责任。具体而言，经销又可以根据商品经销合同约定的不同，分为普通经销和特约经销（刘湲，2016）。

（二）连锁与特许经营

连锁经营是指多家销售相同商品和服务的企业组成的联合体，它们一般具有统一标识、统一经营服务手段、统一进货和定价、统一集中管理和核算等特点。连锁经营的目的是将分散的销售同种商品和服务的企业联合起来，形成规模效应，以实现个体经济利益的提升。

连锁经营一般存在三种模式：标准连锁、自愿连锁和特许连锁。标准连锁是基本的连锁形态，又称直营连锁，即所有的连锁企业都是同一个上级企业的分设销售机构。因此，标准连锁实际上是直销直营模式的一种市场化拓展。自愿连锁是指同种商品或服务的经销商之间，为了达到规模经营，而自发形成的连锁组织。该组织内成员在很多方面都是独立的，如所有权、经营权等。这是一种特殊的互助互利的连锁经营模式，通常受到区域、经营管理水平的局限，规模较小且连锁关系不稳定。特许连锁也称为加盟连锁，与自愿连锁相比，该连锁模式存在一个加盟总部，该总部拥有特定的名称、商标、产品、服务、技术、管理模式等，并以营业合同的形式，授予加盟企业在规定区域内有偿使用其有关知识产权、销售指定商品和服务。盟主企业和加盟企业，以及加盟企业相互之间都有着很强的关联度。

（三）网络分销

网络分销，又称为电商分销、线上分销等，是指企业利用互联网技术和平台，在网上建立分销体系来销售商品的一种分销模式。网络分销渠道中相关的信息流经常是透明和共享的，渠道的管理更容易，管理的成本也相对较低（郑勇军等，2016）。

相较于传统分销渠道来说，突破时空等网络特性是网络分销渠道的最大竞争优势。互联网、通信、人工智能等技术的迅速发展和广泛应用，影响和改变了传统商品销售过程中的沟通方式和商业运作模式。网络分销活动可以24小时全天候运行，打破了传统分销模式的时间局限性。网络平台使得只要有互联网的地方就可以实施商品和服务销售活动，打破了传统分销模式的地域局限性。网络通信媒体使得商家和消费者能够便利地沟通、交流，打破了传统面对面交流的物理局限性。互联网支付使得商品交易在任何时间、任何地点都可以开展，而且不拘泥于单一货币，为创新商业模式提供了广阔的机会。互联网社交网络的壮大使得越来越多有着相似需求的群体得以聚集、交流，促进了新型、个性消费需求的增加，大大提升了分销渠道的活力和效率（万小燕，2019；三金，2020；李彩丽，2017；李湘滇，2015；李耀华，

2016；纪良纲等，2020）。

具体来说，目前我国网络分销（电商）模式可以分为以下几种：

一是传统电商。该类型电商普遍成立时间比较早，经过市场的历练已发展成销售商品及服务品种多样、覆盖面广、知名度高的综合网络销售平台，如淘宝、天猫、京东、苏宁等。该模式下新型的电商平台有网易考拉、网易严选、寺库、小米有品等。

二是社交电商。该类型电商以社交关系作为商业模式的重要支撑，通过人与人之间分享、点赞、评论等方式实现人际关系网络的聚合效益。目前，社交电商又可以被分为：（1）社交内容电商，依靠分享优质内容来引导价值观型消费者的消费决策，如小红书、每日一淘、什么值得买等；（2）社交分享电商，依靠建立、维护和扩张其社交关系网络成员的数量，来提高商品销售额，如拼多多、礼物说等；（3）社交零售电商，这类电商通常具有实体（线下）销售机构，依靠其线上线下融合的零售能力来提升商品的总体销售，如苏宁拼购、京喜、云集微店、贝店、食享会等；（4）社交电商服务商，这类电商主要提供与网络销售有关的技术服务，它们依靠专业的数据和网络服务为社交电商各个环节赋能，如微盟、有赞、魔筷星选、快手小店等。

三是专业电商，该类电商在互联网平台上销售特定种类的商品和服务。如：（1）生鲜电商，专业销售生鲜果蔬类产品，常见的有盒马生鲜、超级物种、每日优鲜、叮咚买菜、美团买菜等；（2）母婴电商，专业销售母婴产品及周边服务，2019 年中国移动母婴平台用户规模达 2 亿，较 2018 年增长近 30%，① 常见的有宝宝树大型育儿网站社区、好孩子、蜜芽等；（3）宠物电商，主营宠物产品及周边服务，2019 年中国宠物（犬、猫类）线上消

---

① 根据《中国母婴电商行业发展趋势分析与投资前景研究报告（2022－2029 年）》，2021 年中国母婴电商市场规模从 2016 年的 5008.7 亿元增长到 9724.8 亿元，同年母婴电商用户规模达到约 2.43 亿人，同比增长 12.5%。

费规模达到 1077 亿元，占全部全年总消费的 53.2%，① 有代表性的有 e 宠商城、波奇宠物等；（4）尾货电商，主营库存商品、尾货商品的交易和相关服务，2018 年尾货网络市场规模为 205.3 亿元，其中大供货商—渠道商—顾客（S2B2C）类库存分销平台的市场规模为 130.3 亿元，② 目前做得比较好的有主打"品牌分销商首选"的爱库存。

四是反向定制电商。主打的是用户直连制造（consumer to manufacturer, C2M），推行的是反向定制销售模式。这一类电商平台为消费者和工厂提供两点直连，不通过其他中间环节使得专业的设计和制造按照消费者的个性化定制需求提供商品。C2M 电商模式在工厂方面的变革程度最为深远。该模式借助消费大数据来指导生产，通过先订单后生产的方式实现"零库存"，同时采用平台模式帮助制造商打造自有品牌，推动制造商实现柔性生产链，从而在制造业转型升级中获得竞争优势，有代表性的有必要商城。

五是导购电商。这类电商也可以称为网红电商、直播电商。这类电商通过打造或引入具有网络影响力的内容生产者（网络红人），在其所在平台向消费者提供产品体验、推荐网红产品。打造网红独有 IP（Intellectual Property）形象吸引粉丝、提升粉丝黏度是这类电商的核心竞争力。网红电商特别适合年纪较轻以及部分女性消费群的消费习惯。常见的平台有淘宝直播、快手直播、抖音直播、微信直播等各种直播平台。

六是跨境电商。这类电商销售的商品属于非本国关境，并通过跨境物流送达商品、完成交易的电子商务平台。2019 年中国跨境电商市场规模达 10.5 万亿元，用户规模达 1.25 亿人③。目前，出口领域做得比较好的有虾皮（Shopee）、阿库拉库（Akulaku）、来赞达（Lazada）等，进口领域主要

---

① 根据《2022－2023 年中国宠物产业发展及消费者调研研究报告》，2022 年中国宠物经济产业规模达到 4936 亿元，同比增长 25.2%。在宠物食品行业中，线上渠道已经成为至关重要的渠道。而其他宠物相关领域，例如宠物医疗和宠物社区，也逐渐将焦点转向了线上平台。

② 根据《中国库存电商行业研究报告（2019）》，2018 年尾货网络市场规模为 205.3 亿元，其中大供货商—渠道商—顾客（S2B2C）类库存分销平台的市场规模为 130.3 亿元。

③ 根据《2022 年度中国电子商务市场数据报告》，2022 年中国跨境电商市场的规模达 15.7 万亿元。其中，出口跨境电商市场规模为 12.3 万亿元，较 2021 年的 11 万亿元增长了 11.81%；进口跨境电商市场规模为 3.4 万亿元，较 2021 年的 3.2 万亿元增长了 6.25%。

集中于天猫国际、京东国际、网易考拉以及洋码头等。

七是小程序电商。这类平台指的是基于小程序生态的电商模式。2019年全年，小程序成交总额达到 12000 亿元，比 2018 年成交总额 6000 亿元增长 100%。2020 年上半年，购物中心、百货行业小程序累计成交额同比增长 670%。① 近三年来，从大的电商平台巨头到中小型的品牌商家，都开始布局小程序为自己的其他平台赋能，且运营、营销方式也开始呈现多样化的趋势。

（四）国际分销

国际分销专指国内商品销售给国外消费者的贸易过程（李克芳，2011）。国际分销渠道实际可以分成两个不同的阶段：第一个阶段是国内商品进入他国市场的渠道，又称国家间渠道；第二个阶段是商品进入他国市场后，在其国内的分销渠道。

三、分销渠道管理

分销和流通的概念近似，在很多场合被互换使用。虽然两者都聚焦于商品在社会经济生活中的转移问题，但是各自的视角不同。通常，分销属于管理学或营销学角度的问题，而流通则属于经济学角度的问题；研究分销通常是从微观（中观）、个体的角度看问题，研究流通则是从宏观、整体的角度看问题（李飞，2002）。因此，分销问题与流通问题相比，更加注重商品所有权转移过程中的过程、路径和方法。

学术界对于分销渠道的研究主要分为两个方向：经济理论方向和行为理论方向。前者侧重于分析分销渠道的演变、效率，研究分销渠道的设计和结构等问题，后者则以社会学和管理学为导向，侧重于研究分销渠道的行为、

---

① 根据《小程序互联网发展白皮书》，2020 年小程序成交总额达到 2 万亿元，"小程序从业者"达 536 万，直播商家超 6 万。2020 年交易增长最快细分行业为日化、奢侈品、购物中心和百货。其中，日化行业增长率高达 1710%。

权力、合作、冲突以及满意度等问题。

（一）分销渠道结构和设计

一般认为，渠道结构研究的起源可追溯到 1916 年韦尔德（Weld）作为渠道研究的奠基人最早提出的渠道理论（鲍林，2010）。韦尔德提出了渠道经济效益论的观点："职能专业化产生经济效益，专业化中间商所从事的营销因而是合理的。" 20 世纪 50 年代以后，渠道结构理论研究达到一个高峰。学者们利用经济学原理分析渠道产生、结构演变和渠道设计等问题，并坚持了渠道效率和效益的重点。奥德逊（1954）认为经济效率标准是影响渠道设计和演进的主要因素（刘宇伟，2002）。罗森布洛姆（1998）分析了各类可行的渠道层次，并提出了选择最佳渠道结构的方法。随后，他又进一步研究了在科技、经济的飞速发展的新经济时代，渠道机构变化的趋势，论述了电子营销渠道的发展。

对于分销渠道演变的研究，目前应用比较多的是中间层组织理论（严巧云，2015）。该理论解释了商贸过程中中间商存在的经济学理由是通过中间层的交易能够比生产商与消费者直接交易带来更多的收益（周冰等，2017）。相较于传统的直销直营，中间商能够使商品销售过程交易费用降低、销售风险共担、觅客成本减少、守约行为增加等。此外，专业、成熟的中间商还可以通过信息的收集、汇聚为消费者提供消费咨询，为生产商提供市场信息和产品反馈。该理论对于中间商的解释也为在互联网经济条件下中间商分销渠道会继续存在提供了支持（夏春玉等，2004）。

（二）分销渠道的行为和关系

上述对分销渠道以效率为中心的研究，过于宏观，缺少了对渠道内部行为变量的关注，因而难以在企业微观层面得以应用。为此，以社会心理学和组织理论为基础的渠道行为理论，在企业层面得到了广泛的研究和应用。该理论认为分销渠道是多个成员组成的联合体，渠道成员在渠道总体目标和个体利益的驱动下既有合作又有竞争，因而需要从行为和关系的角度对分销渠道进行研究，通常会涉及渠道的构建、渠道的权力、渠道的合作以及渠道的冲突等问题（庄贵军，2000）。

渠道权力通常是指渠道成员对渠道内其他成员的影响力和控制力（张闯等，2005）。渠道权力经常通过渠道成员之间的依赖关系来表现。某一渠道成员对其他成员的依赖程度越大，则被依赖者的权力就越大。在现实中，渠道成员之间的关系是相互依赖的，因此渠道权力在渠道成员中交织存在，相互影响、相互牵制。当渠道成员相互依赖达到平衡时则称为互拥权力。传统渠道行为理论将渠道权力分为六种类型：奖励权力、强迫权力、法定权力、认同权力、专家权力和信息权力（罗森布洛姆，2014）。

分销渠道关系则以渠道成员之间的关系和联盟为重心。渠道关系经常会和渠道绩效、渠道生命周期相关联。格罗鲁斯（2008）提出分销渠道通过互惠交易和满足承诺来建立、保持、改善顾客关系，并将顾客关系商业化，同时通过这样的关系营销可以协调分销渠道的活动、管理渠道成员的关系。因此，分销渠道实质上是分销渠道各个成员构成的关系网络、渠道成员的特质以及特定渠道体系的行为范式决定了分销渠道的效能和效率。

渠道冲突，是指渠道成员之间由于利益上的冲突而产生的不合作或对立关系（庄贵军，2000）。渠道冲突是渠道关系的常态，良好的渠道关系通常是渠道冲突比较弱，处于潜在的状态，没有实质性的显现。菲利普·科特勒就将渠道冲突分为潜在冲突和现实冲突、竞争性冲突和非竞争性冲突。值得注意的是，渠道冲突和渠道绩效并不是呈简单的正向线性关系。一些学者研究发现，低水平冲突较少影响渠道绩效，中等冲突会促使成员改善运营而促进渠道绩效，只有严重的渠道冲突才会对渠道绩效产生负面影响（曹煜丽，2018）。

渠道合作，是指渠道成员按照渠道总体目标，分工协作、互相配合的一种活动方式。渠道合作是分销渠道系统得以存在的最基本条件和行为基础。渠道成员之间的合作，是渠道成员专业化分工的结果。麦克马蒙（1965）指出由于渠道过程日益复杂，企业可以用公司型、管理型和契约型三种方式有效地协调营销渠道体系（刘宇伟，2002）。学者们普遍认为，渠道合作程度是衡量分销渠道体系有效性和可续存性的重要标志之一。

（三）分销渠道管理内容

1. 分销渠道战略管理

分销渠道的战略管理是企业在商业价值链系统中获取竞争优势的一个重要内容。随着国内及全球经济动荡加剧，商贸环境的不确定性陡增，分销渠道体系的设计与建立不仅要适应新的商业环境，更关键的是要积极应对外部环境的变化，及时调整战略和渠道模式，才能在激烈的市场竞争中保持领先（李慎恒，2005）。

一般来讲，企业分销渠道的外部环境包括经济环境、社会文化环境、竞争环境、技术环境和法律环境五个方面（许伟波，2005）。经济环境发展水平、制度、特征、人口数量、收入水平、消费方式等及其变化，直接影响分销渠道的规模、结构和行为；社会文化环境对分销渠道模式与运行特征产生深刻的影响，主要体现在意识形态、道德规范、生活方式、价值观念以及风俗习惯等方面；竞争环境，特别是竞争格局和程度的变化，对分销渠道的发展产生着重大影响；技术环境，特别是互联网技术、大数据分析技术、人工智能技术的发展和应用经常会促进企业分销渠道模式的革新；法律环境，企业的营销活动受到政治和法律环境的规范、强制和限制，在选择渠道成员时，企业必须考虑与法律、法规和政策相关的许可和限制。

2. 分销渠道成员管理

生产商、中间商、零售商以及消费者等组织群体共同构成了企业的分销渠道。正确选择渠道成员、有效激励渠道成员、建立渠道冲突预警系统、构建合作式渠道伙伴关系等是企业分销渠道成员管理的要点（庄贵军等，2006）。

3. 分销渠道模式选择

企业在建立分销渠道系统时已经选择了合适的渠道模式，但更为重要的是要根据渠道环境的变化及时调整渠道模式。除了外部环境因素以外，产品特性的变换、消费者的购买需求和购买行为的变化也影响着分销渠道对于结构形式与运作方式的选择。

传统企业分销渠道模式选择方法主要有商品特性分析法、交易成本分析法和管理学方法。

（1）商品特性分析法。

这一方法最早由阿斯平沃尔在 20 世纪 50 年代末提出，它强调了产品特性对于分销渠道模式选择的决定性作用。如表 1-1 所示，基于商品特性差异，将产品分为红、橙、黄三种颜色，同时阿斯平沃尔将所有商品的特性归纳为五种类型：更新率、毛利、调整、消费期和搜寻期（温婷婷等，2018）。

表 1-1　　　　　　　　　　　基于商品特性差异的颜色分类

特性	颜色分类		
	红色产品	橙色产品	黄色产品
更新率	高	中等	低
毛利	低	中等	高
调整	低	中等	高
消费期	低	中等	高
搜寻期	低	中等	高

之后，阿斯平沃尔将商品特性与商品分销过程中所使用的分销渠道模式的选择联系起来。例如，红色商品更新率高，其他各项低，则分销渠道应高度标准化，分销渠道应该较长，如便利商品；黄色商品更新率低，其他各项特性都高，因此为了减少分销渠道成本，其分销渠道应该比较短；橙色商品的各项特性均为中等，则分销渠道长度介于中间。阿斯平沃尔的理论为分销渠道模式选择创立了一个简单实用的模型。但是，该模型仅仅考虑了产品特性对分销渠道模式选择的影响，而忽视了其他重要因素，因此在实际应用中，具有很大的局限性。

（2）交易成本分析法。

交易成本分析法是基于组织交易关系治理机制的理论，希望通过将买卖双方置于某种控制结构中来节约交易成本，并以此作为交易模式选择的依据（陆芝青等，2005）。就分销渠道而言，交易成本分析法聚焦于分析分销渠道内部成员之间通过市场价格机制来完成交易所产生的交易成本。一般来讲，渠道交易成本可分为搜寻成本、谈判成本和履约成本三种。交易成本分析法认为，在不同时期，企业应当按交易成本最小的情况作出渠道模式的选择，以适应环境的变化。

交易成本理论将渠道模式总结为三种类型：第一种是市场化渠道模式，即独立的组织和个人通过市场而建立的渠道交易关系；第二种是内部渠道模式，即企业自己承担部分分销职能，在这部分渠道内不存在市场关系；第三种是准市场化渠道模式，主要是指分销渠道内部以专业化为基础的相互独立的成员企业，承担各自分销职能并通过市场机制和关系治理，在渠道内建立长期合作关系模式。

（3）管理学方法。

管理学方法，也可以称为关键因素分析法，主要是通过分析、判断影响分销渠道建立、运营、绩效的关键影响因素，来对分销渠道模式作出选择（李飞，2003）。依据传统渠道理论，影响分销渠道模式决策的因素主要有以下几种：第一种是目标市场。按照客户导向原则，企业首先要确定目标顾客，然后对潜在市场进行分析，如市场规模、市场密度以及市场偏好等。第二种是产品特性。产品特性涉及商品价值，其与渠道层级成反比，价值高的商品适合层级少的渠道模式。标准化程度高的商品，其渠道可以适当延长，而定制和个性化的商品应当减少中间分销环节。第三种是生产企业实力。经济实力强的生产企业可以自建渠道，便于全面掌握渠道控制权；中小企业则适合采用合作渠道模式；管理能力弱的企业最好能借助于外部渠道中的中间商和第三方物流来完成产品分销。

4. 常见互联网分销渠道模式

通过互联网实行商品销售的分销渠道模式，相对于传统的实体分销（线下分销）模式，又可以被称为线上分销模式、网络分销模式。除了和传统分销机制一致的模式，如以直销为主体的企业对消费者网络分销渠道模式（B2C）、层级代理模式，即企业—中间商—消费者网络分销渠道模式（B2B2C）以外，网络分销充分利用了互联网技术手段，创新了不少渠道模式，如消费者之间的网络销售渠道模式（C2C）、企业—中间消费者—消费者网络分销渠道模式（B2C2C）、消费者—企业—消费者个人网络分销渠道模式（C2B2C）。除此以外，网络分销还产生了线上带动线下电子商务模式（O2O）。相较于 B2C 侧重于购物的特性，O2O 则更侧重于服务型消费，如餐饮、租房等。

四、分销渠道形成的历史过程：以美国为例

张闯在《美国商品流通渠道的结构与变迁——基于美国经济史的研究》一文中，将美国经济史划分为前工业化时期（1815 年以前）、工业化时期（1815 ~ 1950 年）和后工业化时期（1950 年以后）三个阶段，并认为，前工业化时期（1815 年以前）的美国商品流通渠道分化为手工业制成品（消费品）渠道和农产品渠道两类，这两类商品流通渠道基本都由商人主导，且该时期的商人是没有分化的全职商人，商品流通渠道也表现出短而窄的结构特征。工业化时期（1815 ~ 1950 年）的前期即 1815 ~ 1850 年的美国商品流通渠道出现的最显著变化是全职商人的专业化，表现为批发与零售从传统的商人职能中分离出来，随后金融、运输、保险等商业职能也都相继专业化，商业职能的专业化，尤其是批发与零售的分离与专业化，被称为第一次流通革命（谢朝斌，1995）。这一时期美国农产品流通渠道由大代理商主导，工业制成品流通渠道由专业的进口商和国内代理商主导。1850 ~ 1890年，随着运输和通信基础设施建设的不断完善，物流和信息流的传递速度加快，极大地提高了美国商品流通效率，降低了流通成本，该阶段美国农产品和消费品流通渠道由现代经销商主导，尤其在消费品流通渠道领域出现了：几乎所有的批发商都转变为拥有经手货品所有权的经销商；经销商开始由东北沿海地区向西部和南部扩展；经销商建立起了庞大的采购网络等现象。如图 1 - 2 所示，1890 ~ 1950 年，随着百货商店、邮购商店、连锁商店、超级市场等零售业态的出现，且制造商也开始向流通领域延伸，批发商的支配地位受到了冲击。后工业化时期（1950 年以后），尤其是 20 世纪 60 年代以计算机应用为特征的信息革命，在促进了传统零售业态进行信息化改造的同

时，催生了自动售货商店、便利店、廉价商店、购物中心、多媒体售货店、大型专业店等新的零售业态，进一步增强了零售商对传统批发商的排挤力度，推动了美国批发商业资本的多元化，形成了独立的商人批发商、商品代理商、制造商的批发机构，以及大型零售商的批发机构，批发商业资本的多元化形成了流通渠道的系列化，流通渠道的纵向系列化促进了制造商、批发商和零售商的深度合作，并使美国商品流通渠道呈现出多样化的特征。

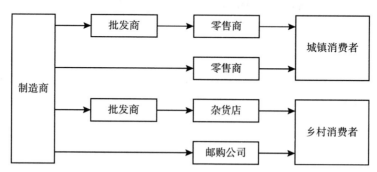

图 1 - 2　工业化后期（1890 ~ 1950 年）美国消费品流通渠道

资料来源：张闯. 美国商品流通渠道的结构与变迁——基于美国经济史的研究 [J]. 商业经济与管理，2005（8）：19 - 25.

可见，为了适应日益扩大的商品交换的需要，出现了专门从事商品交换活动的商人，最初的商人大多是复合型的，即商人内部没有发生分工，他们不仅从事居间买卖，还从事金融、运输、保险等业务，即使是居间买卖，也没有发生批零分离，随着工业化进程的推进，批发商和零售商产生了分离，且大零售商对批发商的支配地位产生了巨大冲击，信息革命的展开，更强化了大零售商对传统批发商的排挤，加之大型制造商更深地进入流通领域执行批发功能，推动了批发商业资本的多元化，使流通渠道呈现出系列化、多样化的特征，使渠道成员间的结构性联系增强，使整个社会的商品流通能力表现出更高水平。

五、分销渠道研究成果综述

学者们从不同角度对分销渠道开展了研究，取得了丰硕的研究成果。

（一） 关于分销渠道特征与模式的研究

贾芙蓉（2001）认为高科技企业分销渠道具有渠道级数较短，渠道宽度较窄，直销的比重大，重专业性和选择性，重消费者服务的个性化等特征。陈涛等（2001）认为，20世纪90年代以来，我国企业分销渠道主要有产销一体化、产销联合形式的商业代理制及总经销制三种模式。菲利普·科特勒把现代分销系统分为纵向营销系统、横向营销系统和混合营销渠道，并认为纵向营销系统是由生产商、批发商和零售商形成的统一整体。田波等（2005）认为，分销的过程是交易的过程，这个过程包括主体和客体两个基本要素，主体要素按照组织形态可分为个人和组织，按主体行为又可分为卖者、买者和又买又卖者三种类型。夏春玉等（2009）认为消费品流通渠道结构有四种模式。如图1-3所示，渠道模式1是生产者直接将商品销售给最终消费者，渠道模式2、渠道模式3和渠道模式4都有中间商的参与，它们的不同在于中间商数量的多少，渠道模式2是零售商直接从生产者采购，然后再转售给消费者，只有一个零售商参与的商品流通，渠道模式3、渠道模式4是商品依次经过批发商、零售商，再转移给消费者。分销渠道结构模式之所以出现多样性，是由于渠道的主体要素和客体要素受产品、消费需求、交易成本、渠道成员之间利益分割、购销差价、全社会交易成本的节约等影响所致（李飞，2003）。

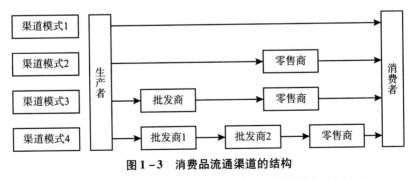

图1-3 消费品流通渠道的结构

资料来源：夏春玉等. 流通概论 ［M］. 2版. 大连：东北财经大学出版社，2009.

（二）关于分销（批发）功能的研究

批发商是一种商业机构，其主要业务是从生产企业处购进商品，然后将其转售给零售商、产业用户或各种非营利组织。批发商通常处于商品流通的中间环节，一般不直接向个人消费者提供服务。批发业是面向除最终消费者以外的所有交易对象的销售行为，是将物品和服务销售给那些用于经营用途客户的商业活动。我国国家统计局认为：批发业是向其他批发或零售单位（含个体经营者）及其他企事业单位、机关团体等批量销售生活用品、生产资料的活动，以及从事进出口贸易和贸易经纪与代理的活动，包括拥有货物所有权，并以本单位（公司）的名义进行交易活动，也包括不拥有货物的所有权，收取佣金的商品代理、商品代售活动；还包括各类商品批发市场中固定摊位的批发活动，以及以销售为目的的收购活动。[①] 随着信息技术的进步，我国零售商与生产商绕过批发商直接进行交易，生产商构建自己的配送网络等，都造成了批发商生存空间被挤压，批发业对市场影响力的减少。梁鹏（2013）的研究认为，尽管制造商、生产者可以销售自己的产品，却不能完全脱离对批发业的依赖，即使是零售业巨头，其销售产品也无法全部面向制造商进行直接采购。无论对制造商还是对零售商，甚至对社会发展而言，批发商在整个流通体系中都具有重要作用。从商业发展史来看，批发业的出现是商品流通实施规模化、集约化和高效率分销的必然要求，承担着用市场机制配置资源的重要任务，它的发育程度直接关系着流通的规模与效率，关系着市场的广度与深度（李义福，2014；刘军琦，2008）。

（三）关于分销渠道冲突的研究

学者们普遍认为渠道冲突是一个渠道成员意识到另一个渠道成员正在阻挠或干扰自己实现目标或实现有效运作，或一个渠道成员意识到另一个渠道成员正在从事某种伤害，威胁其利益，或者以损害其利益为代价获取稀缺资源的活动。文化差异、合作伙伴的不同预期，以及信息沟通不畅等都是导致

---

① 《中国统计年鉴》，国家统计局网站，http://www.stats.gov.cn/sj/ndsj/2019/indexch.htm。

渠道冲突的重要原因（李慎恒，2009）。贺昌政等（2002）认为由于企业市场的不断扩张和交换行为在时间上的缩短、空间上的扩大，冲货对企业乃至整个市场的正常运转造成的危害日益扩大，为此可从强化管理制度、创新管理理念入手解决冲货问题。王铁明等（2005）对国内外关于分销渠道冲突的内涵、成因以及协调理论进行了梳理和探索，提出应从我国企业的实际条件出发，建立符合解决我国企业经营渠道冲突的协调机制与管理模式。夏海洋等（2005）考察发现，制造商向零售商提供数量折扣或两部收费制可达到协调分销渠道，实现整个渠道系统利润最大化的目的。殷少明（2011）从供应链的视角对分销渠道冲突问题进行了研究，对构建企业战略联盟，加强企业间的协同合作，给出了思考。

（四）关于渠道效率评价的研究

渠道效率是实现分销目标所需资本投入的最优回报率。罗森布鲁姆（Rosenbloom，1987）提出了渠道成员的销售绩效、库存、销售能力、态度、竞争以及发展前景6项评价指标，并特别强调销售绩效的重要性。马格拉思等（Magrath et al.，1987）提出了包括渠道效益（成本、生产量）、效率（覆盖率、控制性和竞争能力）和适应性（活力和灵活性）在内的渠道绩效评价框架。姚力鸣（1992）采用流通生产率、流通毛利率、库存率等指标对美日之间流通效率进行了对比研究。吴利化（2004）采用渠道流模型对建筑材料企业的渠道效率进行了测算，其渠道流模型包括实物流、所有权流、促销流、谈判流、融资流、风险流、订单流、付款流等。田波等（2005）从渠道畅通性、渠道覆盖率、渠道流通力三个方面建立了分销渠道效率评价体系。张世新等（2011）采用定量和定性相结合的方法从分销渠道的经济指标、分销渠道布局的合理性、分销渠道的运行效率、顾客满意度四个方面评价企业的分销渠道效率。吕丹（2013）构建了以流通效率为一级指标，以生产效率、市场效率、周转效率、成本效率、信息效率为二级指标，以生产规模、市场集中度、库存率、存货周转率、信息普及率等25个指标为三级指标的农产品流通效率评价指标体系。

（五）关于网络经济背景下的分销渠道变革研究

葛存山（2003）认为电子商务通过提供新的消费模式、加大加宽分销渠道的范围拓展了分销渠道的管理内容，且互联网、信息技术的广泛应用使生产商与中间商可以直接与最终消费者进行沟通，形成了新的扁平化的分销渠道模式。李钦（2004）认为应从构筑共同愿景、寻求文化和战略的兼容性、提供对渠道的支持、保持有效的信息畅通这四个方面构建伙伴型国际分销渠道。张世新等（2009）认为，我国企业需要通过避免过度依赖中间商、谨慎选择商业合作伙伴、与跨国集团形成战略联盟、增加分销渠道的连续性、培养引进国际化专业人才等措施把营销渠道延伸到国际市场。董志刚等（2015）给出了中小型制造商选择不同网络分销渠道的条件。肖春兰（2019）根据网络分销的适应性和互联网渠道与实物渠道的关系，把移动互联网环境下的分销渠道分为纯网络销售、辅助销售、联合分销、战略分销四种模式。

综上，学者们对分销渠道的运行效率、发展变革等进行了大量的研究与深入的考察，提出了有价值的解决措施与建设方案，这对进一步推进我国分销渠道建设，实现我国商贸流通业更高质量发展具有重要意义。

第二章

中国分销渠道体系的发展

厘清中国分销渠道体系的历史发展规律，立足中国分销渠道现状，是进一步推进互联网经济条件下中国分销渠道理论和实践发展的现实要求。中国分销渠道体系的发展演化，经历了从破除计划经济下分配制流通体系到市场化，到现代化分销渠道体系逐渐形成、完善和成熟的漫长过程，其每一个阶段的演化都体现了中国经济改革的成效。

中国分销渠道体系的发展演化大体可以分为四个阶段：以批发站为主导的单一流通渠道阶段、以百货商店为主导的分销渠道体系初建阶段、以超市为主导的现代化分销渠道体系初步发展阶段，以及以融合分销体系为主导的现代化流通渠道体系快速成熟阶段。

一、单一流通渠道阶段（新中国成立初期至 1983 年）

从 1949 年至 20 世纪 80 年代初，中国推行计划经济。这一时期的商品流通的主要特点是国家管制、行政调拨、统一分配，其运作模式基本上是统购统销和统购包销等。这一阶段的商品流通和贸易体制由相对独立的五个部分组成：一是物资，主要经营生产资料；二是商业，主要经营消费资料；三是粮食，主要经营粮食的统购统销；四是供销，主要在农村经营物资和消费品的集体经济组织；五是外贸，专门从事对外商品流通，并由国家专营。在商品流通理论方面，中国受到苏联关于社会主义阶段商品流通理论的影响，

"无流通论"占据了主流。因此，在当时国营商业或供销社系统企业实行商品的垄断性经营和管理的体制下，商品流通渠道的形式表现为在计划全面控制下的商品统购统销和统购包销模式（见图2－1）。

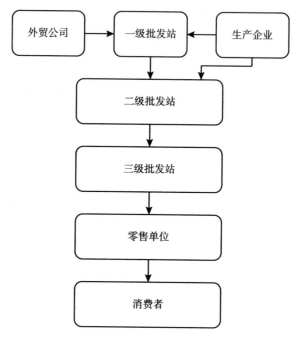

图2－1　计划经济下的流通渠道

在这一时期，商品流通渠道呈现出渠道单一化、经营范围固定化和商品分配分级化三个特征：

流通渠道单一化，即流通组织都是清一色的国营或集体企业，流通组织的形式比较单一，商品实行统一采购，统一经销的模式。

经营范围固定化，即国家对流通企业的经营范围和职能进行了严格的规定，也称为"三固定"模式：固定供应区域、固定供应对象、固定折扣定价率。

商品分配分级化，即对商品按其重要程度和供求关系状况实行三级分类，对重要和比较重要的一、二类商品实行严格的计划配额。

在当时的经济条件下，这种以批发站为主导的单一流通渠道体系保证了国民的基本消费需求，并在一定程度上保证了有限资源的最大化利用。随着中国经济的逐步发展，社会商品资源的不断丰富，国民消费需求的日益增长，这种流通渠道体系的弊端也逐渐显露出来。与此同时，学术界开始了对"无流通论"的反思，流通渠道和流通规律的研究也开始活跃起来（张生玲，2009）。到了 20 世纪 80 年代中期，随着市场经济的初步出现，流通对于国民经济的重要性重新得到了各界的重视，理论界出现了"生产流通并重论""生产流通相互决定论""生产流通相互转化论"等观点，随后逐步发展为"流通决定生产论"（陈学工，1987），这些观点的出现为流通渠道的市场化改革奠定了良好的理论基础。

二、分销渠道体系改革萌芽阶段（1984～1991 年）

中共十二届三中全会以后，中国的经济体制改革进入全新阶段，内容涉及所有制的改革、国有企业内部经营机制的转变、非公有制商业的发展、开放农副产业市场、调整流通体制和完善价格体系等，计划经济逐步向市场经济演进。为了改变计划经济下单一型流通渠道体系长期以来制约商品流通的问题，加强和繁荣流通经济的发展，中国流通渠道也进行了大规模的改革。严格来说，只有在市场经济条件下，商品流通的渠道才可以被视为营销学范畴内的分销渠道。经过这一时期，我国分销渠道体系的发展明显加快，逐步形成了"主体多元化、渠道多元化、形式多样化"的基本格局。

一是改革设置了多层次的批发体制。1986 年之后，我国逐步开启了批发企业经营发展的新局面，取消了存在 30 多年的"三固定"流通模式，按照"三多一少"制度设计对原有"一、二、三、零"四级批发体系进行了改革，以期建立以国营商业为主导，多种经济形式和多种经营方式、多条流通渠道并存的少环节、开放式的新型商品流通分销体系（万典武，2011）。

二是发展建设专业批发市场。按照 1984 年第六届全国人大二次会议提出的在农村地区大力推广设立农产品批发市场的部署，国家在全国范围兴建了一批大中型专业或综合性的水果和蔬菜批发市场。以此为契机，生产资料批发市场也在全国范围内逐渐出现，以专业市场为核心的传统分销渠道体系初见雏形。

三是逐步赋予分销企业经营自主权。为了调动分销企业的经营自主性，国家逐步允许各级分销企业，尤其是零售企业自行选择货源，自主采购商品。在上海、江苏等地，1990年大型零售企业自行采购的比重已高达90%，中型零售企业自行采购的比重已高达80%，北京市大型零售企业自行采购的比重也由1980年的35.7%上升为1989年的72.4%（吴宪和等，2000）。

商品流通"三多一少"的提出和推行，打破了流通领域完全由计划控制的状态，各系统、各所有制形式和各种经营方式共同经营的多种分销渠道共存的格局逐步开始出现，这标志着我国分销渠道改革的开始。

到20世纪90年代前后，传统的商品分销渠道体系在垂直层面得到了极大的丰富和发展。由于生产力的提高、市场范围的扩大，原有批发商和零售商更深入地介入买卖活动之中，批发机构的数量稳步上升，批发商品流转额迅速扩大，专业批发市场成为商品流通的主要分销渠道；零售业中拥有成熟管理理念的大型百货商店逐步取代了旧式百货店、副食品店等形态，占据了绝大部分的零售渠道份额。到20世纪90年代初，百货业曾一度占领了市场80%以上的份额。与此同时，个体经营也迅速崛起，抢占了相当规模的流通市场。

值得注意的是，由于这一时期处于经济体制改革的初期，分销渠道也处在一个转型的过程中，计划经济下单一型流通渠道体系的痕迹并没有被完全消除，特别是所有制改革、价格体制改革以及物资体制改革的滞后制约了分销渠道体系进一步市场化的进程。

三、现代化分销渠道体系初步建成阶段（1992～2001年）

1992年之后，社会主义市场经济体制逐渐确立，社会经济进入良性运转和快速发展的轨道。此时，发展滞缓的分销渠道体系建设与快速发展的生产制造之间的不同步性越来越明显。分销渠道体系急需进行进一步的改革和发展，以适应经济、社会等各方面的发展要求。

从当时的社会经济环境来看：城乡二元结构导致大量人口涌向城市，消费的聚集给零售业带来了巨大的商机和广阔的市场；国民整体收入水平快速增加，导致国民购买力增强以及消费观念转变，为商品扩大流通提供了发展动力，也为除了百货商店和小卖部、杂货店、集贸市场以外的新型商品分销渠道的出现提供了巨大的空间；电视机的普及标志着消费品信息传播方式手段增多、效率提高，进一步诱导和激发了消费需求。

从分销渠道内部发展的需求来看：市场经济体制改革和经济的迅速增长分别为分销渠道体系的变革创造了制度条件和物质条件。但是，分销渠道体系的发展进程相对于经济体制改革的速度仍显得较为缓慢。在零售领域，除百货店和一部分专卖店以外，社会中大量存在的是小而分散的中小型商店、集贸市场和流动性小商小贩，层次扁平且普遍缺乏高水平的经营能力和竞争力。相对而言，批发商在商品分销渠道体系中普遍占据主导地位，但多阶段、多层级的批发过程使得商品的分销渠道冗长、中间环节多，效率低下。上述这些问题使得当时的分销渠道体系成为供求双方之间的"瓶颈"，无法满足日益增加的商品流通需要。由此，超市和连锁商店作为现代零售业态应运而生，制造商也开始凭借自己的力量自建销售渠道，从而引发了分销渠道体系的深层次变革。

超级市场的普及和发展成为零售领域的重大变革，也是这一时期分销渠道体系迅速发展最重要的力量。在20世纪80年代，广州、上海、北京等大城市先后出现了超市这种新型零售模式的萌芽。90年代，社会主义市场经济体制确立以后，随着社会生产力的极大解放，现代支付技术、包装、加工技术的升级应用，超市进一步在全国范围内加速发展。超市销售的商品种类也日益丰富，有效地满足了城市消费者"快捷""一站式购物"等新型消费需求。同时，超市由于其巨大的采购和销售规模，得以直接与生产商对接，并以更加低廉的价格获得商品，逐渐把批发商排斥出市场，商品分销渠道得以精减，流通效率得到提高，流通成本得到缩减。超市的迅猛发展还带动了现代连锁企业的同步成长。从1993年开始，连锁经营模式从超市、快餐店拓展到品牌专卖店等其他业态。1995年，国际连锁巨头相继抢滩中国，带动了连锁企业为主导的中国新型商业形式的盛兴，这也标志了以超市、连锁企业为主导的现代化商品分销渠道体系的初步建立。

这一时期的生产企业，在产品生产能力不断提升的情况下，为克服早期分销渠道体系容量、能力有限的困境，纷纷开始组建渠道自销商品，自我周转：一种是在内部成立销售部门，通过专卖店、直销店等方式销售本企业的商品；另一种是通过人力、财力的再投入等各种手段加强和优化已有流通渠道的组织，通过中小商业机构以及代理商、专卖店等，专门或优先销售本单位的产品。

由于新型分销渠道的出现而受到影响的百货商店和批发企业也作出了相应的变革。自1996年开始，大型百货业的经营业绩就在超市的冲击下逐年下滑，不少甚至出现经营困难。因此，其中体量较大的百货商店开始转向发展购物中心；小型百货商店则转型成便利店、专卖店、网上商店等。但由于市场发育还不成熟，上述的转型发展相对缓慢。批发企业为了摆脱的发展困境，一部分有实力的批发企业开始联合众多中小批发和零售商实行自由连锁化经营，以降低经营成本和增强市场竞争力。这使得批发市场在这一时期得到了快速的发展。到2000年初，全国交易规模大、辐射能力强的亿元以上的批发市场大量涌现。专业批发市场的建立和完善成为我国商品流通分销领域变革的一大亮点。以义乌小商品市场为首的大型专业化批发市场的年交易额动辄几亿元以上，甚至达到上百亿元。与实体批发市场的发展相对应的商品期货市场也开始尝试运营，进一步拓展了分销渠道体系的构成。

随着商品流通规模的日益庞大，与商品流通相对应的物流业开始萌生并快速发展壮大。一批有实力的生产商积极投资新的物流体系建设，将原有与物流相关的部门进行整合，建立专业物流部门或子公司。一部分批发商也强化了原有的物流功能，把物流配送和信息传递作为企业发展的新的重点职能。同时，传统的运输企业也逐渐向专业的物流企业转型。

总之，这一时期分销渠道体系的演变是社会主义市场经济改革的必然产物，也是商品流通供需矛盾所激发的结果。以超市为主要代表的现代化分销渠道体系的初步建立是流通渠道改革的一次质的突破。分销渠道体系属性的市场化、多元化、多样化、专业化使得过去计划型渠道模式所造成的渠道不畅、效率低下等情况得到彻底的改善。至此，我国基本建立了与工业化相适应的商品流通结构和分销渠道体系，为整个社会经济发展以及商品分销渠道体系进一步成熟完善奠定了坚实的基础。

也有专家对我国1949～1998年的分销渠道体系演变过程提出了不同的阶段划分。如夏友富等（1998）认为，我国分销体系的发展大体可分为三个阶段。1949～1977年为高度计划经济时期的产品销售体系，此时的商品销售渠道固定，流通企业为单一所有制结构。1978～1991年为中国销售体系的变革阶段。合营、个体、私营经济进入批发、零售行业，商品购销形成了多渠道并存局面，租赁业得到发展，生产企业和流通企业所有制结构呈多元化格局，商品价格逐步放开，大多数商品价格已由市场供求决定。1992～1998年为现代商品分销体系初步形成阶段，但在分销体系的效率、服务、整体性，分销方式等方面仍受计划经济模式的影响较大，缺乏多样性，不同运输方式之间尚未形成有机整体。

四、现代化分销渠道体系快速成熟阶段（2002年至今）

自2001年底加入世界贸易组织（WTO）以后，我国的贸易体制逐渐与国际接轨。2003年4月商务部成立，标志着内外贸融合的开始。同时，随着2002年互联网经济泡沫的退去，中国互联网产业步入以Web 2.0、移动互联网为核心的飞速发展期。互联网的商业价值在广告、网游、搜索引擎、即时通信、金融和电商等各种商业模式上得到充分体现。与此同时，在经济体制发生根本性改变和积极发展第三产业的国家政策背景下，我国的分销渠道体系迅速演变为国内、国外、线上、线下融合的现代化模式。

从这一时期的经济和制度环境来看：一是中国加入WTO以及经济全球化的不断推进，为市场国际化提供了丰富的土壤，也对分销渠道体系的变革提出了更高的要求，渠道结构的优化、分销形式的创新和运行机制的完善成为分销渠道体系变革的重要任务；二是以互联网技术为代表的信息技术革命对国民生产、生活等各个方面产生了翻天覆地的影响，推动了包括商业在内的社会经济的快速发展，也为分销渠道体系的深刻变革提供了条件；三是消费市场环境因消费者在消费观念、消费意愿、消费方式等方面的快速变化，成为分销渠道体系不断变革的压力和动力；四是政府部门通过推出统筹城乡商品流通体系、发展现代物流和供应链、丰富零售业态和促进内外贸共同发展等措施为现代化分销渠道体系的快速成熟和现代化转型提供了政策支持。

从分销渠道体系内部发展需求来看：为了提高商品的流通效率，获得更高的经济效益，分销渠道体系中的一部分成员转向功能一体化以发挥规模经济的优势，另一部分则转向以提高专业技术和发展功能专业化来占据分销渠道体系内的有利位置。分销渠道体系内的成员不断地一体化和分化，逐渐形成网络状态发展，最终形成了如生产商主导型、零售商主导型、金融机构主导型以及运输机构主导型的分销渠道网络（李飞，2012）。其中，大型零售商主导的供应链和零售商主导的供应链联盟成为这一时期最为普遍的分销渠道体系组织模式。这是分工深化和市场竞争在买方市场条件下上升为合作模式的必然选择。相对而言，生产商对分销渠道的支配作用逐渐削弱，传统的生产商与批发商的关系趋于松散。供销双方开始探索建立以大型零售商主导和资源共享的交易协作关系，通过协同效应以实现合作竞争优势。

在供应链和供应链联盟的基础上迅速发展的连锁经营成为这一时期分销渠道体系的主导模式。中、小零售企业为争取零售市场份额，纷纷采取合作、连锁等方式协同经营，使得单店经营的零售店数量逐渐减少。许多大型企业也开始以连锁经营、并购为主要方式快速扩张规模。其中，大型零售企业通过重新组合分销渠道结构，增加平价店、折扣店等方法，实施规模销售，使得店铺数量迅速增长。同时，分销渠道体系的发展理念也出现了一些新的方向：以提高顾客价值为导向，提升物流、信息传输和处理新产品、新服务开发能力，实现生产商、流通商和消费者的协作，逐步成为分销渠道体系发展所追求的目标。

在这一时期，互联网技术的广泛应用和互联网经济的迅猛发展催生了多种新型分销渠道形式，也称为线上分销渠道，进一步拓展了分销渠道体系的基本构成，也使分销渠道体系的基本结构，特别是中间商渠道结构，发生了重大改变。随着互联网络的出现和普及，生产商、零售商开始通过各种网络平台进行线上分销，大量的传统中间商逐步被取代（许忠荣，2007）。网络交易与有形店铺交易一样，存在着商流、物流、货币流和信息流的运动变化，但通常具有成本更低、方法更灵活、范围更广、效率更高以及反馈更直接的优势。

零售渠道的变革给批发渠道带来了巨大的冲击。一部分大型零售商绕过批发渠道直接与生产商结盟；另一部分则为了获取更丰富的商品种类和更低廉的价格，加大了与大型批发商的合作，致使中、小批发商的生存空间受到挤压。与此同时，随着连锁经营的推广和普及，中、小零售商店的配货开始转向大型零售企业，进一步加剧了中、小批发商分销渠道的萎缩。作为应对，批发行业进行了经营革新：一是整合批发资源，对中、小批发企业进行资本重组，建立与大生产和大零售相衔接的配送中心或物流中心；二是转变经营理念，将批发服务重点从面向生产商转到面向零售商，根据特定的零售业态，改善物流效率、优化配送范围和路线等；三是改善商品批发网络，挖掘新职能，通过构建批发企业协作组织发展信息资源共享的功能。

与此同时，我国的物流体系也进入了一个快速成长阶段。国家对促进物流业现代化发展高度重视，出台了若干政策推进物流规划和物流平台建设。特别是加入世界贸易组织之后，外资物流企业进入中国市场推动了本土物流产业的迅猛发展：一是物流行业专业化，按照供应链管理模式构建物流体系，实行物流企业的联盟和并购，推进专门物流技术的研发和快速应用；二是信息化和网络化，利用现代信息技术和互联网平台，物流企业与分销渠道内其他成员进行及时准确的信息交换、数据处理和互动，促进了分销渠道体系的变革与现代化演进。

五、我国分销渠道存在的主要问题

（一）流通企业亟待转型创新

批发零售企业连接着生产与消费，其商业模式、组织结构、信息技术的应用能力等对缩短从生产到消费的时间有着重要的影响。以我国大型实体零售企业为例，其收取通道费的经营模式，造成了我国大型实体零售企业"千店一面""千店同品"的现象严重，企业库存率高、体验性偏低等问题突出，降低了企业对核心竞争力的培育，不利于零售企业的健康发展。顺应数字经济的发展趋势，实现流通企业的转型创新，激发流通企业的活力，对提升分销渠道运行效率非常关键。

（二）渠道冲突现象较为普遍

从对我国限额以上单位消费品零售总额占比社会消费品零售总额的情况、亿元以上商品交易市场批发市场成交额占比社会消费品零售总额的情况、连锁百强企业销售规模占比社会消费品零售总额情况的分析，以及对我国与海外成熟市场的超市、便利店的市场集中度进行的对比分析可见，我国分销渠道冲突现象较为普遍，而渠道冲突会造成渠道成员之间的信任度、忠诚度下降，使得企业的经营风险上升，从而不利于分销渠道运行效率的提升。

（三）顾客满意度需要不断提升

随着居民消费结构的升级，尤其是"85 后""90 后""00 后"的崛起与壮大，居民对个性化、科技感、体验性的消费场景，对高品质商品的需求更为强烈，这对以满足消费者的消费需求，并为消费者创造极致消费体验的零售业提出了更高的要求。我国零售业在找准自身的定位，构建自己的发展战略，打造自己的管理团队，培养自己独特的企业文化方面还需不断提升。零售业只有在满足消费者需求的同时，不断为消费者创造价值，才能提升顾客满意度，才能成功面对激烈的市场竞争。

（四）分销渠道信息化建设工作需要加强

大数据、云计算等现代信息技术已成为支撑商贸物流企业运营决策的重要工具，但有些商贸物流企业仍存在信息化建设落后、大数据应用能力不足的问题。以零售企业为例，有些零售企业的数据收集方式较为单一，数据来源仍主要是 POS 机数据和历史交易数据；对收集到的数据进行处理、统计分析、挖掘的能力较弱，不能从海量数据中勾画目标用户，使企业无法实现对用户行为的精准分析，无法准确地对价格、销量进行预测，实现广告的精准投放等。另外，分销渠道信息平台的系统架构、管理、共享等亟待推进。

（五）　物流业效率仍需提高

我国社会物流总额稳步增长，物流业网点布局不断完善，物流业与物联网技术、人工智能技术、大数据与云计算技术、区块链技术、移动通信技术等的融合不断加深，物流业运行效率和服务质量在提高，但我国物流业绩效水平与美、日等国相比在物流服务能力和质量、物流追踪查询货物能力、贸易和运输相关基础设施质量、提供具备价格竞争力的货物发送、货物在预定或预期时间内到达收货人的频率、清关程序效率、安排价格具有竞争力的货运难易度等方面仍存在一定的差距。因此，必须抓住 5G 商业应用的契机，推动我国物流业向数字化、智能化、平台化转型，建设智慧物流，缩小我国与发达国家物流业之间的差距。

（六）　渠道秩序需进一步规范

分销渠道涉及的行业和企业多，对进一步规范渠道秩序的要求也非常迫切。我国出台了《零售企业服务管理规范》《仓储作业规范》《流通企业食品安全预警体系》《关于推动实体零售创新转型的意见》《网络平台道路货物运输经营管理暂行办法》等制度规范和标准文件，对规范企业行为和相关行业标准化生产起到了重要的推动作用。我国仍需不断加强开展制度规范和标准文件的落实、修订等工作。只有处理好企业与企业、渠道与渠道、政府与渠道的关系，不断完善市场化、法治化、国际化的营商环境，推进商业信用体系建设，才能促进流通业的发展。

六、我国分销渠道体系发展趋势

经过近半个世纪的市场化改革与发展，我国分销渠道体系作为连接生产与消费的桥梁，规模迅速扩张，业态新旧迭代，职能不断增强，效率普遍提高，已经初步形成了一个比较完整的遵守市场规律的现代化结构体系。然而，由于行业环境不断变化，分销渠道体系的发展依然面临诸多挑战。

当前，以消费者为中心的商业理念深入人心，异质性消费需求特征凸显。消费者对商品与消费的适配度提出了更高的要求。网络和信息技术的快速革新，使得以线下分销为主的渠道结构模式及渠道行为受到进一步的冲击。近年来，移动平台购物逐渐成为线上消费的主流形式，基于社交网络连接，社交化、本地化、移动化（SoLoMo）消费群的发展成为全新趋势（王正沛等，2019），如何运用新兴技术进一步支撑线上与线下融合已经成为提升消费和流通的重要议题。悦己型消费、定制型消费、沉浸式消费等全新理念的出现也逼着分销渠道体系进行深层次的创新优化（俞彤晖等，2020）。互联网时代分销渠道的发展依然存在着商业模式不成熟、新业态容错试错机制不完善（刘涛，2016）、线上线下分销渠道竞争激烈制约了整个分销渠道体系的高质量、可持续发展的问题（刘向东等，2019）。这些薄弱环节和短板，成为我国经济发展特别是经济发展方式转变的一个瓶颈。

在今后一段时期内，互联网特别是 5G 移动互联网技术，将继续通过其强大的技术能力赋予分销渠道体系持续发展的强大动力。工业和信息化部于 2019 年 6 月向中国电信、中国移动、中国联通、中国广电发放 5G 商用牌照，标志着中国进入 5G 商用时代。在新零售、全流通的基础上，以"互联网 +"为特征的互联网经济为解决分销渠道控制权缺失、品牌增值能力薄弱等造成我国在全球产业链分工中处于不利地位的问题提供了难得的机会。在此背景下，我国应当充分抓住互联网经济发展机遇，优化分销渠道体系，强化渠道控制、萃取品牌价值，并引导商品供给与需求实现更优动态契合，有效化解"生产环节强，销售环节弱"的结构性问题。

第三章

互联网经济与中国分销渠道体系

一、我国分销渠道体系特征分析

（一）传统分销渠道体系特征分析

传统分销渠道体系是指改革开放以来，与中国特色社会主义市场经济初级阶段相适应的分销渠道体系。它是在生产力水平较低、居民消费能力有限的经济发展水平下所形成的。传统分销渠道体系的基本结构是线性的，即生产商—批发商（代理商）—零售商—客户。这样的分销渠道体系具有以下典型特征：

（1）分销渠道的设置以供给方为导向，分销渠道体系的上端，如实力强大的生产商、批发商、零售商具有绝对的支配地位；

（2）依主导企业建立分销渠道体系，渠道结构相对稳定但容易僵化；

（3）分销渠道体系的各个组成部分职能范围狭窄、专业化程度不高、流通专业技术和能力提升缓慢、流通效率徘徊在较低水平；

（4）物流部门从传统的交通运输部门演化而来，服务内容单一、管理粗放、基础设施和装备落后、物流集散和储运能力不足、条块分割无法形成综合物流体系。

总体而言，传统分销渠道体系是与粗放型经济发展阶段相联系的，其运行通常成本高、效率低。这既有生产力和生产关系的问题,更有体制制度的约束问题。此外,传统的消费方式、流通技术、研发水平、人力资源水平以及要素市场等诸多方面也都限制着传统分销渠道体系的发展。

(二) 现代化分销渠道体系特征分析

随着经济体制改革和对外开放的全面展开,信息、通信等技术水平迅速提升,分销渠道体系在分销业态、渠道结构、技术支撑等方面都发生了巨大的变革。以加快商品流通速度、提高分销渠道效率为目标的现代化分销渠道体系初步建成并逐步迈向成熟。特别是,互联网技术的迅速发展和广泛应用,使得分销渠道体系打破了原有时间和空间上的限制,相应分销方式、交易速度和盈利模式也发生了巨大的变化。新一代移动互联网技术的普及,以及互联网经济的深化发展又为现代化分销渠道体系的进一步转型升级提供了坚实的基础。现代化分销渠道体系总体上具有以下特征:

(1) 现代化分销渠道体系的发展基于平等、开放、互利合作和共享经营理念 (李海舰等,2014),使得分销渠道体系中的企业壁垒、市场空间壁垒、技术壁垒、合作壁垒逐步打破,传统的线性分销供应链转变为价值传递的网络分销体系。

(2) 现代化分销渠道体系以市场需求为导向,分销组织以及消费者相互之间通过共享产品与设计理念、消费数据、服务信息、创意沟通等,体现了现代化分销渠道体系开放性和互动性的特征,为进一步拓展分销渠道打开了广阔的空间。

(3) 现代化分销渠道体系以计算机技术、远程通信技术和网络技术为核心技术基础,实现了商品交易过程的电子化、数字化和网络化,从而创新分销渠道模式、拓展全球市场。

(4) 线上、线下整合是现代化分销渠道体系的重要特征,互联网、信息通信技术构建的网上交易平台、信息交流平台、多媒体互动平台等,与实体分销渠道相结合,实现了商流、物流、资金流及信息流的四流合一,使得分销速度和效率获得了质的提升。

总之,互联网技术在现代化分销渠道体系中的应用,促进了生产商、经销商、零售商以及消费者之间的高效互动沟通，使得市场信息流由单向变为多向，分销途径由单一线性转向网络结构，从而在根本上改变了传统分销渠道体系的构成，并促进了分销渠道效率的提高。

二、互联网经济对分销渠道体系的影响

（一）我国互联网经济下分销渠道体系发展概况

传统分销渠道体系的确立是社会主义市场经济和工业化初级阶段的产物，而以互联网技术为主要基础的现代化分销渠道体系是信息化时代的产物。以分销组织个体竞争为主要特征的传统分销渠道体系已逐渐被以协作共赢为主要特征的现代化分销渠道体系所取代。

当前，互联网已经迅速地渗透到我国生产、生活的各个领域，促使传统产业进行改造和融合，经济模式不断升级发展，给社会生活各个方面带来了巨大的变化，互联网发展水平不仅能反映出一个国家的经济发展水平，也驱动着我国产业在新时期的转型升级。根据中国互联网络信息中心（CNNIC）于 2020 年 9 月 29 日发布的第 46 次《中国互联网络发展状况统计报告》，我国网民规模达 9.40 亿，相当于全球网民的 1/5；互联网普及率达 67.0%，约高于全球平均水平 5 个百分点，其中农村地区互联网普及率为 52.3%，城乡互联网普及率差异为 24.1%，城乡差异自 2017 年以来首次缩小到 30%以内。截至 2020 年 6 月底，5G 终端连接数已超过 6600 万，三家基础电信企业已开通 5G 基站超 40 万个。快速发展的互联网，为线上分销渠道的发展奠定了雄厚的基础。截至 2020 年 6 月，我国电商直播、短视频及网络购物用户规模较 3 月增长均超过 5%，电商直播用户规模达 3.09 亿，较 2020年 3 月增长 4430 万，规模增速达 16.7%，成为上半年增长最快的个人互联网应用，并为促进传统产业转型、带动农产品上行提供了积极助力。其中，生鲜电商、农产品电商、跨境电商、二手电商等电商新模式保持较快发展，用户规模分别达到 2.57 亿、2.48 亿、1.38 亿和 6143 万。截至 2020 年 6月，我国网络支付用户规模达 8.05 亿，较 2020 年 3 月增长 4.8%，占网民

整体的 85.7%，移动支付市场规模连续三年全球第一；即时通信用户规模达 9.31 亿，较 2020 年 3 月增长 3466 万。

根据 2020 年 6 月商务部电子商务和信息化司发布的《中国电子商务报告（2019）》，当前全国电子商务交易额达 34.81 万亿元，其中网上零售额 10.63 万亿元，同比增长 16.5%，实物商品网上零售额 8.52 万亿元，占社会消费品零售总额的 20.7%；电子商务从业人员达 5123.65 万人。通过海关跨境电商管理平台零售进出口商品总额达 1861.1 亿元，同比增长 38.3%。用于电子商务的人工智能、大数据、小程序等新技术，直播电商、社交电商、跨境电商海外仓等新模式不断涌现。在线上分销突飞猛进的同时，线下传统实体经济体也主动探索线上渠道空间，线上线下融合的趋势更加明显。

（二）互联网技术对分销渠道体系的影响

网络经济背景下，分销渠道体系正在逐渐改变原有线性的渠道体系模式。互联网络销售平台在交易的时间和空间、渠道的集聚效应、渠道相关生态等方面，对分销渠道体系的发展产生了巨大的影响。

1. 传统分销渠道的优势不再

零售、超市曾经是企业使用的主要分销渠道模式，依托上述渠道体系进行销售和配送，为企业带来了丰厚的回报。零售商也凭借着其在传统分销渠道中的绝对主导地位，挤压生产商、经销商和消费者以获取更好的利益。如大型超市经常出现压低进货价、抬高零售价、收取高额进店费和活动促销费等问题。由于绝大多数的商品销售不得不通过零售渠道进行交易，生产企业和消费者之间也没有便捷而广泛的沟通渠道，使得零售商的上述问题愈演愈烈。随着互联网技术的成熟和全面推广，线上销售高速增长，对传统分销渠道造成了重大冲击。线上分销吸引了大量的终端消费者和商品生产商、中间商，因而削弱了传统分销渠道对商品进价和售价的控制权。

2. 互联网技术使得分销渠道体系突破时间空间的限制

传统的分销渠道体系，商品的销售最终依托于实体店铺，其特征是交易活动基本上发生在工作时间内，即便为了吸引客源延长营业时间，也不可能实现 7×24 小时全天候运营。互联网技术的应用打破了商品销售的时间空间限制，使得不可能变为可能。在网络分销模式下，即使在非营业时间，消费者仍然可在网络平台上完成挑选、购买、支付等各种消费行为。另外，网络的平台展示和虚拟场景使得交易主体之间不再需要面对面的现场交流。而且，网络分销渠道具有无限地扩大销售辐射范围的能力，面对的是一个几乎没有区域限制的市场。网络分销渠道中的各个交易环节都可以在网络平台上完成，大大降低了分销成本，提高了分销效率。

3. 互联网技术下的分销渠道体系更容易形成规模经济效应

网络分销渠道的常见虚拟表现形式是各式各样的网络（交易）平台。消费者通过计算机、平板电脑、手机等终端，在网络畅通的情况下，十分容易就可以接入网络（交易）平台。这样的便利性使得网络分销渠道更容易集聚大量的客户，大大提高了销售成功的概率，也就使网络渠道更容易形成规模经济性和范围经济性。在网络经济时代，网络（交易）平台所能吸引的用户量成为检验分销渠道效率的一个十分重要的基础指标。一般来说，第三方建立的网络（交易）平台的流量往往要比自建交易平台来得大。因此，中小型的企业更愿意以缴纳佣金的形式，入驻大型的第三方交易平台。而自建网络（交易）平台的好处是可以自主进行平台设计，还可以获取用户的第一手资料，并直接与客户沟通交流，从而有利于维持老用户忠诚度和开发新用户。

4. 互联网技术和互联网经济还通过推动第三方物流的形成和发展提高了分销渠道体系的效率

运输、物流是分销渠道体系的重要支撑部分，也是造成我国传统分销渠道体系效率低下的重要原因之一。在传统的分销渠道体系中，专业的物流服务机构相当稀缺。商品传递的职能通常由生产商和中间商分段承担，客观上造成了商品流通效率低下。随着物流行业的发展，专业的物流企业随市场需求逐渐增多。而互联网技术的发展，使得这些专门从事物流活动的第三方公司能够通过互联网络信息系统与委托方共享物流信息，最后形成了当前的第三方物流模式。第三方物流的出现，与网络分销渠道的发展互为助推，使得商品更广泛和迅捷地流动、转移。伴随着经济全球化，第三方物流与国际货运市场接轨，更使得网络市场的交易范围覆盖至世界各个角落。在企业网络化不断加强与互联网金融快速发展的背景下，分销渠道体系通过互联网这一平台在分销速度和效率上获得了质的提升。

5. 线上线下融合逐渐发展

值得注意的是，当前线上分销渠道也开始遭遇增长瓶颈，纯虚拟化的销售模式无法完全满足消费者的需求，物流的局限性又在一定程度上制约了线上渠道的扩张。线上渠道开始寻求线下合作，线上线下融合逐渐发展为我国互联网经济条件下分销渠道体系的主流模式。

第四章

我国分销渠道运行情况的分析

本章主要对我国分销渠道中的商贸流通企业的数量规模、经营状况，以及顾客满意和信息化建设情况进行分析。

一、商贸流通企业数量规模

（一）批零企业数量

2006～2018 年，我国批发业法人企业总数呈增长趋势，2018 年我国批发业法人企业数为 113696 家，比上年增长 12.6%（见图 4-1）。

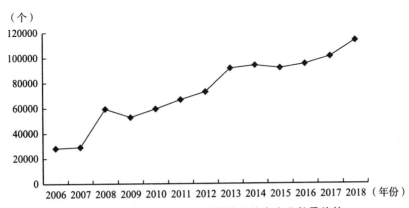

图 4-1   2006～2018 年我国批发业法人企业数量趋势

资料来源：《中国统计年鉴》。

2006～2018 年我国连锁零售企业门店总数呈增长趋势，2018 年我国连锁零售企业门店总数为 249711 家，比 2017 年增长 5.76%（见图 4 - 2）。从业态看，2007～2018 年我国连锁便利店、连锁专业店、连锁专卖店的门店总数均呈增长趋势，2018 年连锁便利店门店总数比 2017 年增长 20.1%，专卖店门店总数比上年增长 9.01%，专业店门店总数比上年增长 9.39%（见图 4 - 3）。

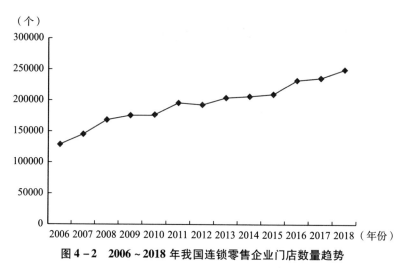

（个）

图 4 - 2　2006～2018 年我国连锁零售企业门店数量趋势

资料来源：《中国统计年鉴》。

（二）物流企业网点规模

国家邮政局发布的《2018 年邮政行业发展统计公报》显示，截至 2018 年末，全行业拥有各类营业网点 27.5 万处，快递服务营业网点 19.9 万处；全国邮政邮路总条数为 2.8 万条，比上年末增加 1045 条；邮路总长度（单程）达 985.1 万公里，比上年末增加 46.7 万公里①。截至 2018 年 12 月，顺

① 国家邮政局. 2018 年邮政行业发展统计公报［R/OL］. 中华人民共和国交通运输部网站，2019 - 05 - 10，https：//www. mot. gov. cn/tongjishuju/youzheng/201905/t20190530_3207316. html.

丰控股拥有 44 个快运中转场、1048 个快运网点；整体快运场地面积超过 132.3 万平方米、业务覆盖全国 31 个省 362 个主要城市及地区①。截至 2018 年 6 月底，京东物流拥有 521 个仓库，仓库总面积 1160 万平方米②，同时，京东物流全力搭建全球智能供应链基础网络（GSSC），构建全球"双 48 小时"通路，实现中国 48 小时通达全球，提升世界其他国家本地物流时效，实现当地 48 小时送达③。

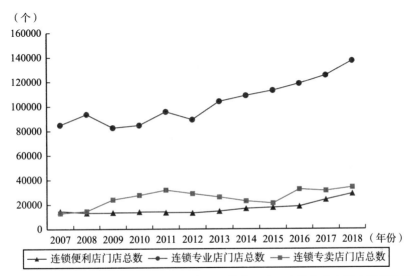

图 4 - 3　2007～2018 年我国连锁便利店、连锁专业店、连锁专卖店门店数量趋势

资料来源：《中国统计年鉴》。

---

① 顺丰控股股份有限公司董事会. 顺丰控股：2018 年度董事会工作报告［R/OL］. 新浪财经网，2019 - 03 - 16，http：//vip. stock. finance. sina. com. cn/corp/view/vCB _ AllBulletinDetail. php? stockid = 002352&id = 5088975.

② 柯素芳. 2018 年中国独角兽企业成长趋势解读之一——京东物流：自建物流中的翘楚［R/OL］. 前瞻产业研究院，2019 - 02 - 02，https：//www. qianzhan. com/analyst/detail/220/190201 - cfe6e714. html.

③ 张斯，赵雯琪. 2018 物流变阵：京东顺丰独大"两极化"趋势明显［N/OL］. 每日经济新闻，2018 - 12 - 25，http：//www. nbd. com. cn/articles/1285028. html.

二、商贸流通企业经营状况

（一）批零企业商品销售额

2006～2018 年我国限额以上批发企业商品销售额呈增长趋势，2018 年该值达到 566174.2 亿元，比上年增长 11.65%（见图 4 - 4）。

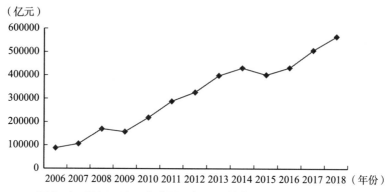

图 4 - 4　2006～2018 年我国限额以上批发企业商品销售额趋势

资料来源：《中国统计年鉴》。

按照企业所有制类型对我国限额以上批发企业的商品销售额进行统计分析发现，国有批发企业、集体批发企业的商品销售额呈下降趋势，私营批发企业、外商批发企业的商品销售呈增长趋势，其中，私营批发企业的增长趋势最为显著（见图 4 - 5）。

2006～2018 年我国限额以上零售企业商品销售额呈上升态势，虽然 2017 年、2018 年的商品销售额都低于 2016 年，但 2018 年该值回升，比上年增加 1902.6 亿元。从年增长率来看，虽然 2018 年我国限额以上零售企业商品销售额的年增长率比 2017 年增长 1.55%，但 2006～2018 年整体呈下降趋势（见图 4 - 6）。

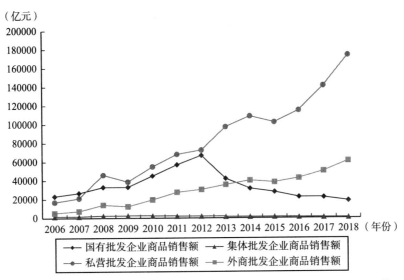

图 4－5　2006～2018 年我国不同所有制限额以上批发企业商品销售额趋势

资料来源：《中国统计年鉴》。

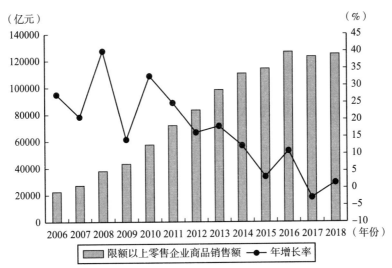

图 4－6　2006～2018 年我国限额以上零售企业商品销售额及年增长率趋势

资料来源：《中国统计年鉴》。

对零售业各业态商品销售额的对比分析发现，2012 年以后，我国大型连锁超市的商品销售额在这四种业态中最高，但无论是连锁便利店、大型超市，还是百货店、专卖店，它们的商品销售额都呈增长态势。这说明我国零售业态布局更加合理，呈现出多样化、品牌化的特点，更好地满足了消费结构升级对零售业提出的要求（见图4-7）。

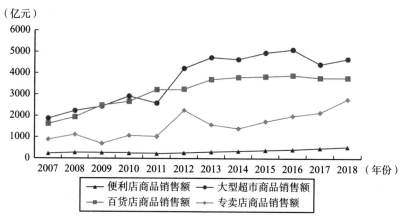

图4-7 2007～2018年我国零售业主要业态商品销售额趋势

资料来源：《中国统计年鉴》。

（二）批零企业主营业务收入

2006～2018年我国限额以上批零企业的主营业务收入均呈上升态势，其中，零售企业的主营业务收入在2017年、2018年都低于2016年，但2018年该值回升，比2017年增加1298.1亿元。从年增长率来看，批发企业主营业务收入在2016～2018年有所回升，零售企业主营业务收入虽然2018年比2017年增长1.21%，但增长率仍呈整体下降趋势（见图4-8、图4-9）。

（三）批零企业商品销售额/商品库存额

存货是企业流动资产中的重要组成部分，对提高企业经济效益有着十分重要的作用，库存周转得越快，表明销售情况越好。由图4-10可见，我国批发企业商品销售额/商品库存额的比值在2015～2018年呈上升态势，尤其是2018年该比值为18.15，是统计期内的最高值。

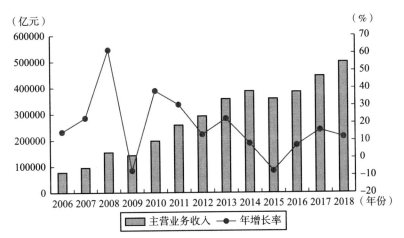

图 4 – 8 2006～2018 年我国限额以上批发企业主营业务收入及年增长率趋势

资料来源:《中国统计年鉴》。

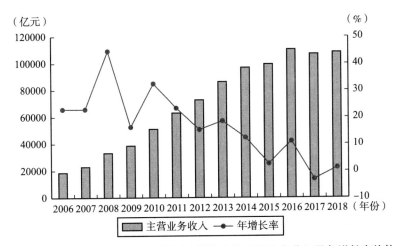

图 4 – 9 2006～2018 年我国限额以上零售企业主营业务收入及年增长率趋势

资料来源:《中国统计年鉴》。

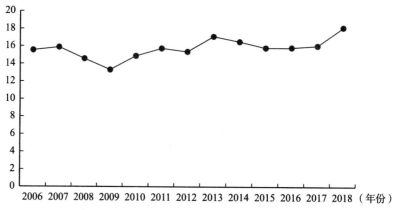

图 4 - 10　2006~2018 年我国批发企业商品销售额/商品库存额趋势

资料来源:《中国统计年鉴》。

2014 年我国零售企业商品销售额/商品库存额的比值为 9.19, 为统计期内最低值, 随后该比值徘徊上升, 2018 年为 11.45, 为统计期内最高值, 较 2017 年上升 9.67% (见图 4 - 11)。

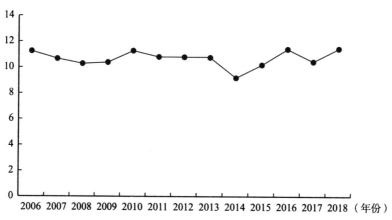

图 4 - 11　2006~2018 年我国零售企业商品销售额/商品库存额趋势

资料来源:《中国统计年鉴》。

(四) 批零企业成本收益率

成本收益率反映了成本与利润的关系, 表明了单位成本获得的利润, 一般而言成本收益率越高，企业的运营效率越高。图 4-12 显示，我国限额以上批发企业成本收益率在 2009 年之后，一直徘徊在 6%~7% 之间，2018 年为 6.55%，比 2017 年上升 0.22 个百分点。我国限额以上零售企业成本收益率在 2014~2018 年呈上升趋势，2018 年该值突破 14%，达到 14.04%，为统计期内的最高值（见图 4-13）。

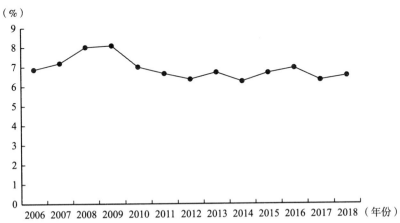

图 4-12　2006~2018 年我国限额以上批发企业成本收益率趋势

资料来源：《中国统计年鉴》。

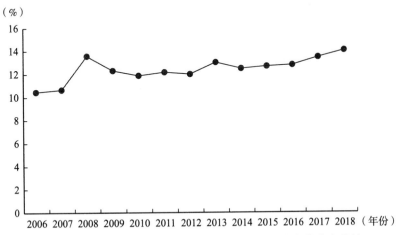

图 4-13　2006~2018 年我国限额以上零售企业成本收益率趋势

资料来源：《中国统计年鉴》。

（五）批零企业商品销售额占比当年社会消费品零售总额

2013～2018年我国限额以上零售企业商品销售额占当年社会消费品零售总额的比重呈下降趋势，尤其是2018年该值为32.8%，为统计期内的最低值（见图4-14）。

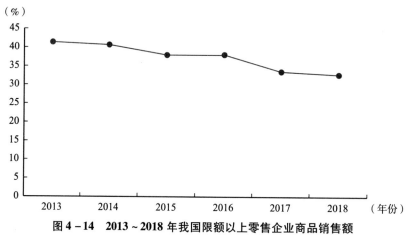

图4-14 2013～2018年我国限额以上零售企业商品销售额占当年社会消费品零售总额比重趋势

资料来源：《中国统计年鉴》。

对我国亿元以上商品交易批发市场成交额占比当年社会消费品零售总额情况进行分析发现，2012年以后该值下降趋势明显，2018年为25.02%，比上年下降0.64个百分点，为统计期内的最低值（见图4-15）。但2015～2018年我国网上零售额占当年社会消费品零售总额比重呈逐年上升趋势，从2015年的12.88%、2016年的15.51%、2017年的19.59%，升至2018年的23.64%（见图4-16）。

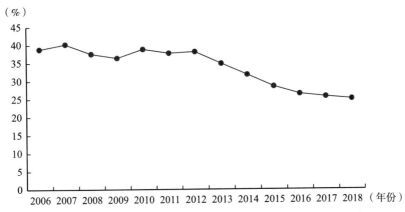

图4-15 2006~2018年我国亿元以上商品交易批发市场成交额
占当年社会消费品零售总额比重趋势

资料来源:《中国统计年鉴》。

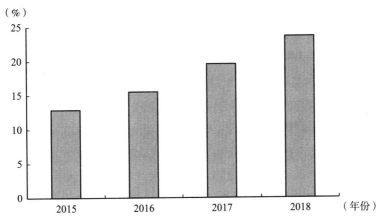

图4-16 2015~2018年我国网上零售额占当年社会消费品零售总额比重

资料来源:《中国统计年鉴》。

虽然2014~2018年我国网上零售额呈持续增长态势,2018年该值突破9万亿元,但年增长率下降,2018年我国网上零售额年增长率为23.9%,比上年下降8.3个百分点(见图4-17)。

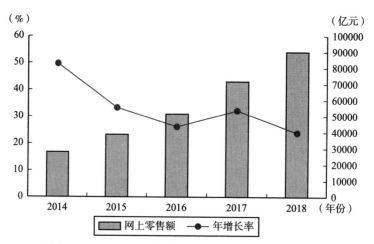

图 4 – 17　2014～2018 年我国网上零售额及年增长率趋势

资料来源:《中国统计年鉴》。

三、顾客满意情况

顾客满意是企业利润的源头,顾客满意与否决定着企业的生存和发展。在中企品研(Chnbrand)2018 年中国顾客满意度指数(C – CSI)的大型超市排行榜中,永辉位列第一,永旺位列第二,沃尔玛位列第三;在连锁便利店满意度排名中,全家位列第一,罗森位列第二,红旗连锁位列第三①。可见,在激烈的零售市场竞争中,我国无论是大型超市还是便利店都有跻身前三的企业,说明我国零售企业在商品品质、员工服务、价格和陈列、购物环境等方面在不断提高,但也看到在前三名中,外资零售企业各占据了 2 个席位,这也反映出我国零售企业在顾客满意度方面还有很大的提升空间。对标国际知名零售企业,我国零售企业需要继续提高服务准确性与迅速度、提升服务人员的专业知识水平等。

我国物流快递企业在提升服务质量上下功夫,促进客户满意度的提

①　2018 年中国顾客满意度指数(C – CSI)研究成果权威发布——理性"满意",开始向感性"满足"倾斜[EB/OL]. 中国顾客满意度指数(C – CSI)研究成果发布平台,http://www.chn - brand. org/IndexProducts/C – CSI/2018/ccsi_tbl. html.

高。图 4 – 18 显示，2018 年 12 月至 2019 年 6 月我国快递服务质量指数上升态势显著，2019 年 6 月该指数为 297.4%，比上月提升 15.9%。国家邮政局发布的 2018 年快递服务满意度调查结果显示，2018 年我国快递服务总体满意度得分为 75.9 分，较 2017 年上升 0.2 分，公众满意度持续上升① （见图 4 – 18）。

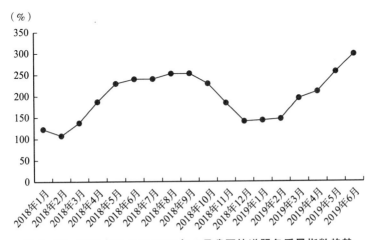

图 4 – 18　2018 年 1 月至 2019 年 6 月我国快递服务质量指数趋势

资料来源：国家邮政局网站。

四、信息化建设情况

随着"网络覆盖工程"的加速实施和互联网"提速降费"工作取得进展，我国互联网普及率持续上升，第 44 次《中国互联网络发展状况统计报告》显示，截至 2019 年 6 月，我国互联网普及率达到 61.2%，比 2018 年 12 月增加 1.6 个百分点，我国网民规模达 8.54 亿，较 2018 年底增长 2598 万（见图 4 – 19）。

---

① 国家邮政局．邮政局关于 2018 年快递服务满意度调查结果的通告 ［EB/OL］．中华人民共和国中央人民政府网站，2019 – 02 – 04，http：//www. gov. cn/xinwen/2019 – 02/04/content_5363840. htm.

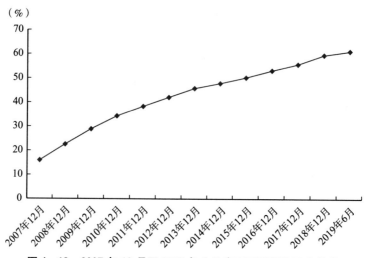

图4-19　2007年12月至2019年6月我国互联网普及率趋势

资料来源：《中国互联网络发展状况统计报告》。

国家统计局发布的《我国企业信息化水平持续提升——第四次全国经济普查系列报告之四》显示，在实现购销存管理信息化的企业中，批发和零售业以58.9%排名第二；在实现客户关系管理信息化的企业中，批发和零售业以33.5%排名第三①。《中国零售业信息化市场预测与投资战略报告（2019）》显示，我国80%的大中型零售企业不同程度地采用了计算机管理，70%以上的连锁企业建立了前台POS销售时点系统和后台MIS/ERP管理系统，30%左右进入了商业自动化技术、现代通信技术和网络信息化技术相结合的数字化管理系统集成阶段②。

我国物流业信息化水平也在不断提高。2013~2018年我国交通运输、仓储和邮政业使用计算机数量持续增长，2018年使用数量约为271.5万台，较上一年增长12.49%（见图4-20）。同时，2018年我国交通运输、仓储

---

① 国家统计局服务业统计司. 我国企业信息化水平持续提升——第四次全国经济普查系列报告之四［R/OL］. 国家统计局网站，2019-12-05，http：//www. stats. gov. cn/sj/zxfb/202302/t20230203_1900545. html.

② 深圳立木信息咨询. 2019年中国零售业信息化行业市场发展概况［N/OL］. 搜狐网，2019-10-27，https：//www. sohu. com/a/349876410_252291.

和邮政业拥有网站数达 16884 个，占全部企业比重的 3.2%（见图 4 - 21）。另外，数据显示，2012 年我国即时物流行业订单数量仅为 8 亿，2015 年为 27.7 亿，2017 年订单数量增至 89.2 亿，同比增长 59%，截至 2018 年，我国即时物流行业订单数量突破百亿，达到了 124 亿，同比增长 39.01%①。

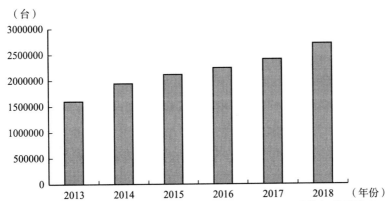

图 4 - 20　2013～2018 年我国交通运输、仓储和邮政业计算机使用情况

资料来源：《中国统计年鉴》。

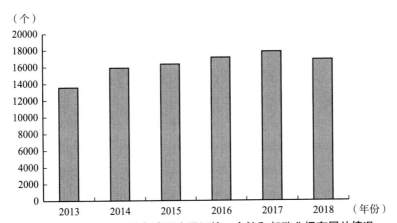

图 4 - 21　2013～2018 年我国交通运输、仓储和邮政业拥有网站情况

资料来源：《中国统计年鉴》。

---

① 前瞻产业研究院.2018 年中国物流行业发展现状及趋势分析　加快建设物流园区降本提效势在必行［N/OL］.前瞻产业研究院网站，2019 - 01 - 29，https：//bg.qianzhan.com/report/detail/459/190129 - ee03b8e5.html.

但国家统计局发布的《我国企业信息化水平持续提升——第四次全国经济普查系列报告之四》也显示：在平均每家企业使用计算机数、企业实现财务管理信息化等的排名中，批发零售业没有进入前五名。中国百货业协会、冯氏集团利丰研究中心发布的《2018～2019 年中国百货零售业发展报告》显示，受访企业中开展电商业务的企业有 59.6%，其中，拥有自建网络销售平台的企业占比为 72.5%；拥有自建网络销售平台，同时又入驻第三方网络销售平台的企业占比为 17.7%；只入驻第三方网络销售平台的企业为 9.8%[①]，这都说明我国批发零售业信息化建设尚有巨大的提升空间。在物流业方面，智研咨询认为，我国物流企业信息化建设起步较晚，信息化程度较低，距离物流信息化的目标还存在较大距离[②]。

综上，我国商贸流通业在实现数量规模稳步壮大，批零企业商品销售额和主营业务收入呈增长态势，批零企业商品销售额/商品库存额和成本收益率上升，以及商贸流通业顾客满意度提高和信息化建设取得进步的同时，存在零售企业商品销售额年增长率和主营业务收入年增长率下降，传统批零企业市场份额下降，网上零售额增长率下降，以及与国际知名零售企业相比我国零售企业顾客黏性不足，商贸流通企业信息化建设仍然欠缺等情况，这都要求我国商贸流通企业加快创新组织结构，加快推进现代信息技术的开发应用，加快探索有效的渠道协调机制等，促进我国分销渠道实现更高水平的运行。

---

① 商业地产精选.2018–2019 年中国百货零售业发展报告［R/OL］.搜狐网，2019–11–15，https：//www.sohu.com/a/353925839_772595.

② 智妍咨询.中国物流信息化具有良好发展前景，未来发展将加快物流信息平台体系建设［N/OL］.智研咨询网站，2019–05–20，https：//www.chyxx.com/industry/201905/740219.html.

第五章

分销渠道的组织生态学研究

近年来，国内专家学者对于分销渠道的理论和实践应用做了多方面的研究。夏海洋等（2007）研究了短生命周期产品的混合分销渠道结构策略；董志刚等（2015）以斯塔克尔伯格模型为基础，讨论了在双渠道供应链条件下的中小企业制造商分销渠道选择模型；杨扬等（2015）提出了快速消费品分销渠道扁平化模式；方刚（2018）研究了互联网时代如何发展深度分销。此外，更多的课题进行了个案的研究，提出了诸如代理销售体系、特许连锁经营等销售模式。

就目前分销渠道领域的已有研究而言，主要是从经济学和管理学等角度展开的，只有极其少数的学者提出由组织生态学角度讨论分销渠道体系的构建问题。即便如此，现有研究也很少对分销渠道的内部关系及分销群网络结构演进进行深入探讨。

参照生物界的物种进化、种群生态、行为模式、生存机制等，分销渠道体系从生态学的角度看，是由生产、销售同类或系列产品企业链条或网络式聚集而形成的一个分工合作、相互依存的社会生态系统。因此，借鉴组织生态理论研究分销渠道体系的演化和选择是可行的（郭宁等，2005）。从组织生态的视角看，分销渠道体系是由生产商、中间商、消费者等所组成的链条式或网络式集合体。这个集合体的演进和选择可以适用生物学生态群落的发展机制，将其视为整个分销渠道系统为了不断适应外部环境的变化而进行新陈代谢的过程，也就是一个生物学上进化的过程。通过这一过程，分销渠道系统从无序走向有序、由低级走向高级，其现实表现就是持续实现销售增长、流通效率提高、产业整体升级。运用上述类比方法，能够更系统全面地探究分销渠道系统的发展演变机制，从而为企业的分销渠道模式决策并实现可持续健康发展提供一定的借鉴意义。

一、组织生态理论

组织生态学（organizational ecology）是 20 世纪 70 年代以后，在组织种群生态理论基础上发展起来的一门新兴交叉学科，它涵盖了生物学、生态学、经济学、管理学等传统学科的相关内容（彭璧玉，2006）。该理论关注于组织动态结构以及组织发展与环境变化之间的互动关系，通常被视作一种宏观层面的组织理论。经过近 50 年的不断发展和完善，组织生态学研究已经形成了一套覆盖全面、独立的组织理论体系，包括组织个体生态理论、组织种群生态理论、组织群落生态理论和组织生态系统理论等。个体生态是从微观层面研究组织，个体组织被视作一个不停地与外界环境进行物质、信息、能量交换来维持自身生存与发展的有机生命体，具体涉及组织成员个体构成、特性以及行为、运作、管理模式等内容。种群和群落生态是从中观层面来研究组织，涉及组织生态结构及其形成的机制。组织生态系统是宏观层面来研究问题，涉及组织生态系统之间、组织生态系统与外部（社会、经济、技术）环境之间、组织生态子系统与社会大系统之间的关系和互动（梁磊等，2003）。

总的来看，组织生态学把组织和环境当作一个大的生态系统，而组织就是这个大系统内部的一个小的开放式生态子系统，两者之间互为影响，不断演化。组织生态系统具有从出生至死亡的生命周期，并遵循优胜劣汰的自然规律。组织为了生存、成长必须与其他企业进行合作或竞争以获取有限的资源，同时还需要对外部环境作出准确的应对和改进。因此，对于组织来说，外部环境的变化是其生态演化的动力。组织以及组织内部成员与外部环境之间不同的互动关系会给组织生态系统带来不同后果。因此，组织生态系统能否动态、及时地适应外部环境的变化并建立良好的内外生态关系，是其能够续存、发展、壮大的重要条件。

近年来，组织生态理论在研究方法和研究领域方面，都得到了极大的发展，研究成果也广泛地应用于媒体、酒类、半导体、旅馆、铁路、电话、汽车等各个行业。在我国，组织生态学的研究和应用领域涉及中小企业成长问题、企业的寿命周期问题、产业集群协作网络构建问题、商业生态系统企业互动问题等。尽管如此，组织生态理论在分销渠道领域的研究还十分有限，但已引起学界的重视。张晓艳等（2010）从生态系统的角度提出企业的分销渠道内的组织对渠道资源的竞争结构决定了渠道系统的成长方向；周凌云（2018）基于组织生态学原理和方法，分析了铁路物流基地的成长动力因子，并构建了相应的逻辑斯蒂增长模型（Logistic growth model）。

二、分销渠道生态系统

（一）分销渠道生态系统的内涵

在组织生态系统中，组织个体和生物生态系统中的生命体一样，存在出生、成长、繁殖、老化及死亡等过程。组织个体在成长的过程中，组织所拥有的知识、能力可以被看成是"种子"，在其生长过程中，需要不断地吸收外界的资源（如人才、资金、技术、信息等），同时对外部环境（如经济环境、制度环境、社会文化环境、流通环境、消费环境等）作出互动反应，以增加成长及生存的机会。

从企业的角度来说，网络结构内的企业通过互相协调、共担责任、共享收益，共同实现分销渠道利益的最大化，并实现分销渠道的可持续发展。

以组织生态理念和思想组建起来的分销渠道体系可以被称为分销渠道生态系统，即在一定的时间、空间和资源配置条件下，由生产商、中间商、零售商、消费者等构成的组织生态种群系统。具体来看，分销渠道生态系统是一个由多条从生产商到消费者的供应链所组合而成的网络结构。在这个网络结构内部，生产商、分销商、零售商和消费者等多个群体围绕着该分销渠道的核心群体，沿着商流、物流、信息流和资金流实施各项活动。总的来说，分销渠道生态系统是一个各组织群体根据各自功能设定，通过物质传递、信息传递和价值流动，能够互动联系、竞争协作、相互调节以应对外部环境变化，而最终实现共同的商品流通和销售目标的复合体（张晓艳等，2010）。

（二）分销渠道生态系统的构成

分销渠道生态系统由两大部分构成。一个是结构完整的能够实现分销目的的生态群落系统，其构成单位为渠道种群；另一个是与生态群落系统相关的外部环境系统，也称为渠道环境。

1. 渠道种群

种群是由在一个特定边界内、具有共同形式的所有组织构成的集合，即存在于特定系统中的组织形式。分销渠道生态系统的种群通常包括：生产商种群、中间商种群、零售商种群和消费者种群等（丁晓杉，2010）。

（1）生产商种群。

在分销渠道生态系统内，生产、制造产品的企业构成了系统内的生产商种群。广义来看，生产商种群还可以指那些设计和提供服务企业。生产商种群通过分销渠道生态体系为市场提供产品和服务，因此在系统中有着举足轻重的地位。它们是构成分销渠道的源头和起点，同时也是分销渠道生态系统的主要组织者和推动者。

（2）中间商种群。

在分销渠道生态系统中，所有介于生产商种群和终端（零售）商之间的组织构成了中间商种群。中间商种群承担了分销渠道系统中商品阶段性传递的重要职能。中间商种群的存在能够助力商品销售、提高交易效率、加强生产、零售、消费等各方的聚集，最终提高分销渠道生态系统的竞争优势。

（3）零售商种群。

零售商种群是从中间商种群中分化出来的特殊群体。零售商种群通过商品的最后传递，与消费者种群实现零距离接触。该种群为消费者提供消费便利和售后服务外，还承担着收集和获取消费者需求信息和反馈信息的职能。

（4）消费者种群。

消费者种群是对所有消费者的总称。微观来看，每一个消费者个体都可以视作一个特殊的种群来对待。消费者种群是分销渠道生态系统运行的一个必不可少的动力源泉。

2. 渠道环境

从组织生态的角度来说，外部环境系统是分销渠道生态系统得以生存和发展的土壤。渠道环境变化不可避免地对分销渠道生态系统产生重要的影响。渠道环境主要包括经济环境、政策法规环境、社会文化环境、流通环境、消费环境等。

（1）经济环境。

经济环境包括宏观经济走势、经济增长率、经济运行周期等因素。这些因素对分销渠道生态系统的演化和发展产生了深远影响。例如：当宏观经济走势良好、发展平稳、市场需求上升时，分销渠道生态系统可以增加内部种群的数量，扩大分销的市场，此时宽渠道或长渠道的分销渠道模式是合适的；当经济状况不佳、市场需求下降时，分销渠道生态系统需要降低商品价格，缩小内部种群数量以节省成本，此时分销渠道生态系统就应该调整到短渠道的分销渠道模式。

（2）政策法规环境。

国家的政策、法规对分销渠道生态系统的生存和发展有着重大影响。有关法律、法规和政策是分销渠道生态系统内部各个种群行为模式的指导和依据。例如：目前药品的销售不可在生产商和消费者之间直接发生，必须通过一个代理的环节，因此，药品生产商就必须按照有关规定通过合法的代理渠道将药品推向市场。

（3）社会文化环境。

社会文化环境指的是分销渠道生态系统所在区域内的社会价值取向、风俗习惯和生活方式等。它对企业营销渠道模式的发展也会产生深远影响。比如，部分消费者希望支持当地产业或是初创企业，宁可到本地的小摊小店购买，也不到巨无霸的大型超市，这就决定了传统的小零售店仍是生产商不可忽视的渠道成员。

（4）流通环境。

流通环境主要指的是与分销渠道生态系统有关的物流体系的现实状况。流通环境与城市化进程和社会物流体系的成熟度紧密相关。当社会物流体系的成熟度不高，而且存在明显的城乡差距、区域差距时，分销渠道生态系统的内部渠道模式将呈现出多种模式并存、可控性差等特点。

（5）消费环境。

消费环境涵盖了消费者选择的便利性、消费者的议价能力以及消费者需求的特征差异等因素。在一个成熟的消费环境中，分销渠道生态系统中的消费者具有较高的议价能力，并呈现出个性化的需求特征。

3. 渠道资源

渠道资源通常包括人、资金和技术三大类（陈立之，2017）。人力资源是分销渠道系统内各个企业种群赖以成长和发展的重要资源，也是系统成长发展的动力源之一。

大数据技术和人工智能技术的推广和应用，对企业传统以人为主体的劳动、活动、经营模式造成了巨大的冲击。但是，根据商贸销售活动的灵活度高、标准化的特性，人还是当前分销渠道各项活动的主要依靠。因此，人力资源仍然是渠道系统中各成员需要争取和合理布局的重要资源。企业不仅要考虑所招员工的专业技能、学历和工作背景，还要考虑当前员工构成结构所带来的人力资源生态位是不是符合企业的发展方向，是不是能提高企业的竞争力。

一般情况下，分销渠道系统内的比较重要的人力资源有两类，领导类人力资源和销售类人力资源。富有远见、有影响力、有执行力的领导团队是一个企业快速可持续成长的必要保证。有能力、有经验的高层管理者对于各类企业种群来说都是一种稀缺资源。此外，作为以分销为核心职能的组织生态系统，一支成熟的销售团队无论对于生产商、中间商还是零售商都是必不可少的，这也是整个分销渠道生态系统提升竞争力的核心要素。对于整体系统来说，核心销售队伍可以是独立的也可以是种群间共享的。销售团队资源是一种竞争性的资源，如何实现这类资源在系统内的融合、共享，是分销渠道生态系统需要思考和解决的重要课题。

资金始终是企业成长与发展的首要因素。企业应当具备从资金市场获得发展所需要的资金的能力。企业在不同的发展阶段，还需要开展不同形式的资金运作。分销渠道生态系统的成长过程离不开资本的支持。在不同成长阶段，不同渠道环境条件下，系统对于资本的需求程度是不一样的。对分销渠道生态系统内部成员来说，现金流越健康，渠道内话语权就越大。因此，系统内的资金流转方式决定了渠道种群间的相对优势。厂商、中间商、零售商中哪一个种群能够占据资金的支配地位，就将在渠道生态系统中得到充足的养分，但这一支配地位是随着渠道环境的变化而不断变化的。

技术可以影响商贸行业形态、市场竞争形态，也可以助力产品和服务的创新、提升产品更新速度。技术对于销售渠道生态系统也十分重要。特别是在互联网经济条件下，通信、大数据分析、人工智能、物联网、区块链技术日新月异，及时引进并充分利用最新的科学技术，对于销售渠道生态系统积极参与市场竞争并占据有利地位十分关键。新技术通常可以通过自身独立研发、联合共同研发、购买新技术、并购高技术创新企业等途径获得。技术资源在分销渠道生态系统的各个种群之间既有排他性又有一定的共享性，成为种群个体和渠道系统进化与优化的动力源。

4. 渠道权力结构

在分销渠道生态系统中，每个种群都具有一种可以改变其他成员行为的影响力，称之为渠道权力。渠道权力大小存在差异，通常由种群在系统中的地位来决定，涉及渠道成员对于渠道资源的占有情况或资源配置状况。一般来说，企业占有的渠道资源与其渠道权力成正比。

渠道权力所产生的影响力使得系统中所有成员的行为和决策都将受到渠道权力直接或间接的影响。渠道权力的大小也可以通过渠道成员之间的依赖性来衡量。企业受到其他成员的依赖性越大，其相对应的渠道权力也就越大（张闯等，2005）。

渠道权力结构就是生产商、中间商、消费者在分销渠道生态系统内相互之间的权力对比状况。当系统内某一种群渠道权力过大时，会严重压缩其他成员的生存空间。也就是说，渠道种群之间的竞争会经历完全竞争、不完全竞争、寡头竞争以及垄断的发展阶段。生态位理论可以用来对分销渠道种群内组织的权力进行分析和界定。

生态位原来是生物学的概念，指的是某一物种的生活习性以及其所处的特定自然环境。生态位是物种相互区别的要素之一。生态位理论认为，在一个生态系统中，各个种群的生态位在原则上不会重叠，此时该生态系统是稳定的；当存在物种的生态位重合时，物种之间必然通过竞争来降低生态位的重叠，直至达到系统平衡态为止。生态位原理应用到组织研究，就得出：一个组织体系中的多个成员提供同质产品或类似服务，则这些成员必然会通过提高自身能力、强化竞争来确保自己在系统中的生存地位。组织体系通过内部生态位的竞争，能够优化分工合作、强化成员专业能力，从而使组织体系的整体竞争力提高（梁强等，2017）。而组织生态位是指在组织生态系统中一个组织与其他成员相关联的特定市场位置、地理位置和功能地位。在平衡的分销渠道生态系统中，每个成员都应当有相对独立的组织生态位。

（三）分销渠道生态系统的特性

1. 静态特性

（1）生态性。

分销渠道生态系统本身被视为具有生物特性，其内部各个种群也都被视为具有与生物高度相似的成长、适应环境、生命周期等生命体特征。系统内的种群主要通过与其他种群的相互依赖，以及与外部环境的物质、能量和信息的互动和交换来完善和提升其生命体特征。这些依赖、互动和交换使得分销渠道系统形成了与生物一样的生态特征和规律。

（2）决策活性。

分销渠道生态系统的成员都被视为具有独立信息收集、处理、研判能力，并能够以此作出相应决策的生命体。系统本身具有共同的分销战略目标，而系统的成员还有它们自己的局部目标和利益追求。因此，每个成员所作出的决策除了贯彻渠道系统总体目标以外，还包含了基于自身的利益判断，这与一个组织内的不同部门作出决策的过程具有本质区别。可以说，分销渠道生态系统内的成员种群都具有决策活性。

（3）智慧性。

智慧性是组织生态系统与自然界生物生态系统的重要区别特征之一。自然界生态系统的成员属性不一，并不是每个种群都具有智慧性。而分销渠道生态系统中的种群都是由有自我意识和创造力的人组成，意味着他们有计划、创造和决策等能力。因此，分销渠道生态系统内部的种群都无一例外具有智慧性，而整个系统本身也因此具有智慧性（赵红等，2004）。分销渠道生态系统的智慧性体现在：一是系统的建立依赖于核心群体的意志，并在组建过程中对于成员的构成经历了大量的主观选择；二是分销渠道生态系统不但能主动适应外部环境，而且还能主动改造渠道环境，使其更适合自身的生存与发展；三是分销渠道生态系统本身具有创造、创新的特性，系统需要不断创造新的价值来吸引和满足消费者，以此来推动系统的稳定和可持续发展。

2. 动态特性

（1）分销渠道生态系统中关键种群的主导作用。

一个分销渠道系统，不同成员在分销渠道系统所处的位置不同，则作用不一样，其重要性也是不一样的。通常，只有少数几个或者一个成员会拥有给其他成员乃至整个系统带来关键利益的核心竞争能力，称为关键种群。这个（些）关键种群往往决定着整个分销渠道系统的形成和完善，影响系统整体功能的发挥，主导着系统的规则运行。关键物种在整个分销渠道生态系统的动态演化过程中起着重要的作用（黄勇等，2013）。

（2）分销渠道生态系统成员间的合作竞争关系。

分销渠道生态系统内部除了消费者种群以外，其基本生存原则并非自然界的"适者生存"，而是整体上的"竞合适应"（庄贵军，2000）。系统内成员的关系是充分自治的分布式协同合作关系和以共赢为目标的竞争合作。虽然各个成员在资源和利益分配方面存在竞争，但是生态系统的生态性、智慧性使得所有的成员基于共同创造利益、做大市场的目标形成了一股更为强大的合作力量。因此，分销渠道生态系统在竞争和合作的共同作用下达到平衡，并推动了系统向前演进。共同愿望驱动各成员企业实现相互适应，形成一个整合的价值网络。

（3）分销渠道生态系统集成化特性。

分销渠道生态系统整体功能的实现是依靠各个成员在功能、运营、利益等方面的集成而实现的。系统的集成化程度是直接影响系统有效性、适应性和可持续性的重要指标。

分销渠道生态系统的集成化主要表现在两个方面。一是内部功能集成。成员必须按照系统需求的核心能力要求进行内部功能的集成，才能畅通与其他成员的相互配合，否则将被更为合适的组织所淘汰。功能集成使得系统内的各个成员能够发展独具优势但又互补促进的能力，从而减少内部价值链环节上的重复劳动和资源浪费，发挥整个系统的竞争优势。二是外部集成。分销渠道生态系统需要加强与系统外部有益因素的集成，和其他合作者、支持者、利益相关者等结成跨行业战略联盟。市场竞争不再是企业间的竞争而是分销渠道系统之间的竞争。外部集成既可以增强生态系统中内部企业之间的相互依赖关系而推动进化，又能够支持应对市场的冲突，保持有利的市场地位。

（4）分销渠道系统创新性。

分销渠道生态系统从本质上看是一个独特的创新系统，本身能够产生创新优势。首先，每个成员具有自主创新和协同创新的动力。系统中的成员要提高自身的生态位，就必须要不断提升专业化水平，提高核心竞争力。这就需要依靠自身的能力、知识、经验不断创新产品和服务以适应系统的内部渠道需求和外部市场的消费需求。其次，基于共同价值网络的合作，各个成员之间既可以实现资源互补，又可以使各自的创新成果在系统内迅速扩散。分销渠道生态系统的创新性是保持系统和内部成员活力的关键因素之一。值得注意的是，作为一个有生命周期的生态系统，当创新能力下降时系统原有的优势将会降低乃至消失。因此，分销渠道生态系统只有不断改进内部创新机制，提高和发挥成员的创新能力，不断实现协作创新阶段性目标，才能保持系统动态演化的顺利前行。

（5）分销渠道系统复杂性。

分销渠道生态系统具备复杂系统的主要特征。系统各成员之间的联系广泛而紧密，是一条条供应链构成的多层次的复杂网络结构。每一个成员的变化，特别是消费者种群的变化，都会对原有的网络结构造成影响。而且，系统在发展过程中能够不断地学习和适应内外环境，从而对其层次结构与功能结构进行重组及完善。系统最终能够实现的是一种动态的结构平衡。因此，分销渠道生态系统具有结构复杂性、动态性、自组织、自学习、自适应、自相似性等复杂系统的特征。

（6）分销渠道系统共同进化。

分销渠道生态系统内的成员为了实现共同的系统总体目标，具有共同进化的特性（彭建仿，2009）。系统中各个种群共同进化主要体现在个体能力水平的综合平衡上。在良好的组织生态下，系统中每个成员都会在主动自我完善的同时确保与其他成员能力发展的同步。任何成员核心能力的下降都可能弱化系统整体竞争力。核心种群在系统共同进化方面经常起到领头作用，它会有步骤地引导和配合其他成员，来促进整个分销渠道生态系统的共同进化。常见方式有系统内投资、赞助和技术支持等。

（7）分销渠道系统演化阶段性。

分销渠道生态系统与生物生态系统具有一定的生命周期。一般来说，这个生命周期包含了开拓期、成长期、成熟期和自我更新或衰退期四个阶段。当一个新的理念诞生后，其相应分销渠道生态系统就开始孕育、发芽、成长。经过开拓期后，系统如果在市场中立稳脚跟，就逐步迈入成长期。然后，随着系统进一步成熟壮大，市场覆盖面逐步扩大、市场地位逐步提高，从而进入成熟期。随后，是否具有持续的创新成为系统继续升级、延续发展的关键。当一个分销渠道生态系统缺乏创新时，将逐步衰落并最终可能会被迫退出市场。

（四）渠道生态系统运行机制

在渠道生态系统的一般生态链中，生产商群体生产产品或提供服务，中间商群体需要生产商群体提供商品或服务或者授权用于分销，零售商群体从中间商群体处获得产品和服务用于销售，消费者群体则依据其消费需求从零售商群体处便利地购买产品与服务，最终生产商种群则依靠消费者种群对产品的购买获取资金，以实现企业的再生产和进一步的发展。

在这一生态链条中，渠道种群间根据市场需求进行物质产品、能量资金和消费者需求信息的传递，部分资源（人、资金、技术）在种群间共享和流动，同时系统还有与外部的各类环境发生互动和交流，从而形成了一个具有进化活力、动态演变的组织生态系统（见图 5-1）。

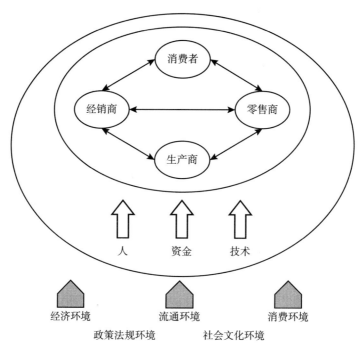

图 5-1　分销渠道体系生态系统运行

资料来源：由笔者整理绘制。

在分销渠道生态系统内部运行机制和外部经济环境、流通环境、消费环境、社会文化环境和政策法规环境的共同影响下，渠道内的组织和种群进行自身的进化与消亡，实现适者生存、优胜劣汰。

（五）分销渠道生态系统成员共生关系分析

1. 共生关系

除了从组织生态学的角度对静态和动态两个层面探讨分销渠道生态系统的主要特征以外，还有必要对系统中成员间的关系特征加以分析。正确地认识和把握分销渠道生态系统中成员间的关系，将有利于制定正确的渠道系统发展战略，提升渠道系统的运作管理。

在传统经济条件下，分销渠道系统内的成员企业间的关系会呈现相互的负作用。同一系统内的成员会为了争夺资源和市场，追求自身利益的最大化，在运营上以自我为中心，几乎不会考虑其他成员的利益，进行着"零和博弈"的厮杀（龚诗婕等，2014）。在这种状况下，一个成员企业的发展壮大，经常是建立在其他企业利益下降的基础上，这也导致了整个系统无法整体发展进化。随着新经济时代的到来，社会、经济环境复杂多变，外部环境对于企业的影响日益加剧。渠道系统内的成员需要重新审视成员之间的相互关系，转变单打独斗的经营理念，才能在新的环境下更好地生存与发展。分销渠道生态系统具有一个既重视个体又重视全局的管理理念，在强调成员自身生存和发展权利的同时，更加关注系统内利益相关者的需求以及系统共同发展与繁荣的整体利益，也就是生态系统的共同进化。在分销渠道生态系统内，成员企业改变了传统意义上与其他企业间相互排斥、相互厮杀的竞争关系，更多地采取一种在适当良性竞争基础上，相互合作、相互促进的"共生"关系（张彤，2018）。这里良性的竞争通常是指通过企业内部结构和功能的创新促进竞争能力的提高，或是为客户提供一种基于产品、技术之上的增值服务的创新。

生物学上"共生"的概念最早是由德国生物学家德贝里于1879年提出的。它指的是由于生存的需要，必然会有两种或多种生物按照某种模式互相依存和相互作用地生活在一起，形成共同生存、协同进化的共生关系（刘子新等，2006）。在自然界，生存竞争在物种之间和同一种群内部必然存在。除此以外，物种的生存和进化还会受到环境因素的制约与影响。这些竞争和外部的影响会导致物种本身的进化改变，而这个改变又会作用和影响其他物种，使其发生适应性的变化。在生物之间、生物与环境之间相互受益和相互制约的两种机制作用下，整个自然系统成为一个互相作用的整体。如达尔文在《物种起源》中指出，物种之间在发生生存竞争的同时，更重要的是一种互补性进化。因此，物种之间不仅有优胜劣汰的生存竞争，更有共同生存、协同进化的共存模式。后者尤其使整个系统的演变变得更加协调。也就是说，物种的生存和进化会与其他物种相互制约、相互关联、相互受益。物种之间的这种复杂的相互作用，形成了一个相互依赖、相互调节的共同生存和协同进化的共生系统。

在企业组织生态系统中，不同企业之间的相互作用关系与生物界种群之间的共生关系极为类似。例如，自然界中不同生物按照类别、地理条件等形成不同的生物群落，并在一定的食物链下共同生存和协同进化。企业在激烈的市场竞争和外部环境压力之下，有意识地选择其他企业作为伙伴而集结在一起，形成一个企业组织生态系统。这个组织生态系统在一定的价值链下，共同生存和协同进化，达到共同进化、发展的目的。

企业组织生态系统是由一定数量且有相互联系的企业所构成的。其目的是通过分工协同，放大各自企业的专业特长，提升经营规模，实现优势互补，最终以群体形式形成市场竞争优势。这样的生态系统具有共同的总体目标和互惠互利的利益关系，从而使企业在资源利用、利润分配等方面，由竞争转向互补和合作。

在企业组织生态系统中，并不是不存在竞争关系。事实上，竞争既是企业必须面对的基本外部环境内容之一，而且也是推动企业发展的关键动力因素之一。企业实现可持续发展的其中一个重要指标就是具有充分的市场竞争优势。在不同的外部环境条件和内部能力条件下，企业的竞争模式和方法也是动态变化的。面对商业环境的日益复杂和动荡，企业单独依靠整合自身内部资源来提高竞争力的方法，已经根本不能满足新时期企业生存的发展需要。对于分销渠道生态系统的成员来说，在强化成员间的相互合作关系的同时，需要在组织界面上寻找提高竞争优势的机会。也就是说，在这种格局下，系统成员之间的恶性竞争会大大减少，在合作基础上良性竞争关系是成员关系的主流。分销渠道生态系统的竞争更多地发生在与外部系统之间，以及在改变外部生存环境的努力上。由此，分销渠道生态系统在相互作用以及与外界交互的过程中，实现了共生和协同进化的目的（郝海等，2008）。

2. 共生关系模式

分销渠道系统的共生模式是由共生单元与外部的共生环境所决定，并随着共生单元与共生环境的变化而变化（汪旭晖等，2014）。从价值链的角度来看，分销渠道系统的共生关系模式具体有寄生、偏利共生、互惠共生（袁纯青，1998）。

寄生关系指的是两个企业之间，只有固定方向的单向价值流动，而且价值接收方对于两个企业的整体来说，不产生新的价值。这两个企业中，价值流出方被称为寄主企业，价值接收方被称为寄生企业（肖衡，2010）。在寄生关系中，寄主企业为所在系统产生新的价值，而寄生企业不但不产生价值，还会从寄主企业那里消费所产生的价值（程大涛，2003）。在分销渠道生态系统中，当成员之间出现寄生关系时，其利益或价值交流机制是单向的，关系各方不存在价值的交换。从短期来看，寄生关系有利于寄生企业的进化，而对寄主企业有着负面影响。长期来说，这要看寄生关系的转化方向，才能判断其对关系企业和系统的整体影响。如果寄生企业长期保持寄生状态，甚至对于价值的索取有增无减，这就是一种有害关系。这势必会导致系统合作关系的破坏和系统协同发展平衡关系的打破，从而对成员企业和系统整体产生严重的负面影响。如果寄生企业逐渐改变其寄生状态，减少对寄主企业的价值索取，并通过短期的寄生关系使自身有了能力的提升，逐渐向系统贡献新的价值，这样的寄生关系就是有益的（冯德连，2000）。随着分销渠道生态系统的不断成长，各成员之间的关系是在不断演化的。大多数情况下，在健康的组织生态系统内，寄生关系都会逐步转变为互惠共生关系。

偏利共生指的是具有共生关系的企业共同产生新的价值，但是新产生的价值都流向其中一个企业。在偏利共生条件下，关系企业之间一般会有物质、信息、技术等方面的双向流动，以共同产生新的价值。关系企业之间的价值流是单向的，也就是说，共生企业的一方获得全部新价值。这种共生关系仅对获得新价值的一方企业有直接的利益。偏利共生是一种特殊的共生关系。通常认为，这又是一种不稳定的共生关系，是寄生向互惠共生转换的中间形式（薛昕昀，2010）。

互惠关系是指具有共生关系的企业共同产生新的价值，并且新价值在所有企业间按照不同比例共享。共生企业通过分工和协作产生新价值，期间物质、信息和技术等在企业之间共享、流动。互惠共生不仅可以指两个企业之间的共生关系，在多组织系统内，多个企业之间也可以形成多边互惠的共生关系。多边互惠的共生关系比简单互惠关系效能更广泛、效率更高，成本更低。互惠关系根据价值的分配比例可以分为两种：非对称性互惠与对称性互惠。在非对称性互惠的共生关系下，新价值并没有在关系企业之间平均分配。这种关系的长期作用会使关系企业的新价值积累产生越来越大的差距，从而不利于整个系统的同步、协同进化。在对称性互惠的共生关系下，关系企业新价值的分配比是基本均等的。这就使关系企业获得了同等的价值积累，从而推进整个系统的同步、协同进化。理论上，对称互惠的共生关系是组织生态系统最为理想的共生状态。然而，在实际情况中，由于存在着许多其他因素的影响，导致大量的共生关系呈现出对称互惠和非对称互惠的交替出现，形成了一个不断变化的动态互惠关系。

3. 共生关系效益

共生关系是分销渠道生态系统内部成员之间普遍存在的基本关系，其目的就是使成员能够同步、协同进化。除此以外，共生关系会促进关系企业和系统整体的经济效益提升，主要表现在以下几个方面：

（1）整合内部资源，缓解外部资源瓶颈。

资源是企业发展、获取竞争优势所需要的最重要的要素。企业个体由于其获取资源渠道的局限性，常常会因为资源不足或资源缺位导致其失去发展壮大的机会和市场的竞争优势。组织生态系统下的共生关系机制，使得系统能够整合各个成员企业的资源、调整资源配置结构，从而降低系统对系统外部资源的依赖，消除或削减成员企业的资源瓶颈，助力企业实现顺利发展。

（2）降低系统运行成本。

在分销渠道生态系统中，由于共生关系的存在强化了成员企业之间的业务交流和衔接，最终形成分销渠道系统运作过程的一体化。同时，成员企业的个体运作流程也得到相应的优化，以支持系统流程的顺利运行。这些都使系统内部的物质、信息和技术由完全的市场交易，转变成在分销渠道系统框架下的内部化交易，从而使得交易成本在系统内部得以大大降低，同时又使交易效率得以提高了。内部交易成本的降低最终将使分销渠道生态系统的整体效益得以提高。

（3）提升竞争优势。

在分销渠道生态系统内的共生关系，可以使成员企业形成合力，发挥整体优势，从而提高成员个体和系统整体在市场上的竞争力。组织生态学下的共生理论与传统管理学对于竞争的看法有着很大的不同。传统上，企业对于竞争的理解局限于自身的因素和效果。商场上的竞争对手便是敌人，要使自身获得胜利就必须击垮敌人。这种竞争以"单赢"为最终目标，用"零和博弈"作为竞争的方式指导（胡斌，2006）。随着市场环境日益复杂，影响企业市场竞争能力水平的因素越来越多，传统对于竞争的理解已无法适应新的商业环境的变化。因此，完全竞争观念在组织生态理论下逐渐被共生进化观念所取代。这意味着原来的竞争对手在一定条件下可以转换成合作对象。在总体目标一致、分工协作清晰、利益分配明确的条件下，原来相互存在竞争关系的企业可以通过合作构建新的竞争优势。分销渠道生态系统便是这么一个以实现"多赢"，共同应对系统外部的竞争者的企业共生系统。

（4）分散或降低创新风险。

分散或降低风险是现代企业和组织管理为了应对外部环境不确定性而采取的主要手段之一（赵红等，2004）。分销渠道生态系统能够通过共生关系调整系统的风险结构而使风险水平得到降低。例如，技术风险可以通过调整内部资源结构，让成员分担技术开发职责，加速渠道技术创新过程，从而使其得到改善和削减。市场风险也会因为共生关系的存在，通过成员企业共同提高市场开发速度和覆盖范围，得以分散或降低。

（5）创造协同效应。

分销渠道生态系统的共生关系还可以加速不同成员企业文化的融合，进一步加速产生各种协同效应。例如，财务协同效应、经营协同效应、技术协同效应、管理协同效应等（汪旭晖等，2013）。协同效应与互补效应不同。互补效应主要是指组织间在功能、资源上的相互补足，强调的是内容和形式上的融合效果。而协同效应主要指的是行动、运作上的相互合作和配合，强调的是"1 + 1 > 2"的超总和效应。

4. 基于 Logistic 模型的共生效益增长分析

Logistic 模型是一个被广泛使用的基础模型。在生物学领域，经常被用来描述种群的增长规律。该模型也可以用来分析种群之间的相互关系，如竞争、互利、偏利、寄生等（赵红等，2004）。这里，借用此模型来分析分销渠道体系内共生关系的效益问题。

以分销渠道生态系统内的 A 和 B 两家企业为例，来分析共生效益问题。

- $x_1(t)$ 和 $x_2(t)$ 分别为在 t 时刻时企业 A 和企业 B 的企业效益。

- N_1 和 N_2 分别为企业 A 和企业 B 在非生态系统共生关系下企业效益的最大值。基于企业在独立状态下可以通过自身的优势来发展自己的业务量，但同时受到技术、资本和市场规模等既定条件的制约的事实，N_1 和 N_2 被假设为有限的常数。

- r 为企业 A 和企业 B 所在分销渠道的企业效益的平均增长率，该增长率与企业所在渠道的特性有关，假设为常数。

- δ_1 是 B 企业的自然增长饱和度对于 A 企业的效益增长的贡献值，δ_2 是 A 企业的自然增长饱和度对于 B 企业的效益增长的贡献值，$\delta_1 > 0$，$\delta_2 > 0$。

当种群进入到一个新的生态系统，只要其数量小于新环境的最大生物容纳量，就会出现种群数量的增长。在总体资源受到约束的条件下，种群的增长必然会因为资源消耗的原因达到它的"饱和水平"，其饱和水平由环境的承载能力，即环境容纳量决定。这时用以描述种群增长的模型是 Verhulst - Pearl 模型（王寿松，1990），则可以得出：企业 A 在非共生状态下的企业效益的增长规律为式（5 - 1）：

$$\frac{dx_1(t)}{dt} = rx_1\left(1 - \frac{x_1}{N_1}\right) \tag{5-1}$$

企业 A 在非共生状态下的企业效益的增长规律为式（5-2）：

$$\frac{dx_2(t)}{dt} = rx_2\left(1 - \frac{x_2}{N_2}\right) \tag{5-2}$$

当企业 A 和企业 B 在生态系统内共生时，二者可以通过相互互补业务、信息共享，提高资源效率，从而促进双方效益的增长。因此，在上述公式中的因子项中加入共生影响因子，该因子与对方生态效益自然增长饱和度成正比。则上述公式转换为式（5-3）：

$$\begin{cases} \dfrac{dx_1(t)}{dt} = rx_1\left(1 - \dfrac{x_1}{N_1} + \delta_1\dfrac{x_2}{N_2}\right) \\[2ex] \dfrac{dx_2(t)}{dt} = rx_2\left(1 - \dfrac{x_2}{N_2} + \delta_2\dfrac{x_1}{N_1}\right) \end{cases} \tag{5-3}$$

将上述方程组内的方程赋值为 0，然后求解，可以得出平衡点为式（5-4）：

$$P_1\left(\frac{N_1(1+\delta_1)}{1-\delta_1\delta_2} + \frac{N_2(1+\delta_2)}{1-\delta_1\delta_2}\right),\ P_2(0,\ 0) \tag{5-4}$$

通过相关检验，P_1、P_2 中，只有 P_1 是稳定的平衡点。在这个平衡点状态下，A、B 两家企业的效益如式（5-5）所示：

$$\frac{N_1(1+\delta_1)}{1-\delta_1\delta_2} > N_1$$

$$\frac{N_2(1+\delta_2)}{1-\delta_1\delta_2} > N_2 \tag{5-5}$$

这个结果说明，企业 A 和企业 B 在生态系统共生条件下的企业效益都大于非共生条件下的企业效益。

虽然，互惠共生是理想中生态系统内企业共生的最佳模式，但是现实中往往还存在着寄生和偏利共生的状况。同样，使用 Logistic 模型对寄生和偏利共生进行分析，可以得出以下结论：

在寄生状态下，两家企业的效益分别为 $\dfrac{N_1(1+\delta_1)}{1-\delta_1\delta_2} \geqslant N_1$，$\dfrac{N_2(1+\delta_2)}{1-\delta_1\delta_2} >$

N_2，说明至少寄生企业 B 的企业效益要大于其在非寄生状态下的企业效益。

在偏利共生的状态下，两家企业的效益分别为 $\frac{N_1(1+\delta_1)}{1-\delta_1\delta_2} = N_1$，

$\frac{N_2(1+\delta_2)}{1-\delta_1\delta_2} > N_2$，说明企业 A 的企业效益在这种状态下并不发生变化，而获得偏利的企业 B 的企业效益大于其在非共生条件下的企业效益。

由此可见，通过 Logistic 模型推导，分销渠道生态系统中成员的共生状态对整体经济效益的提高是确实存在的。

（六）分销渠道系统动态演化的生态分析

从组织生态学的角度来看，分销渠道系统的发展会经历开拓、成长、成熟自我更新或衰退等一系列生态动态演化的过程。这个生态演化的过程是在内、外两种机制的作用下逐步、累积发生的。其内部机制就是自组织系统形成和发展机制，而外部机制是市场优胜劣汰的选择机制。

1. 分销渠道系统演化的阶段

自然生态系统的演化是一种从低级走向高级、从无序到有序的过程。这一过程一般会经过生态基础环境形成—生物进入—定居及繁殖—物种之间竞争和演化—物种相对稳定和平衡等阶段。物种之间的竞争机制和自然选择机制是自然生态系统进化的主要动力。其中部分物种之间能够实现竞争的平衡状态，形成一定的种群结构，进入协同进化。这种演化模式能够使这些物种更有效地利用自然资源，在自然选择过程中占据优势地位，获得更广阔的演化发展空间（郑师章等，1994）。

基于组织生态学，分销渠道系统的动态演化与自然生态系统相类似。相较于自然生态的生命体本质，分销渠道系统动态演化的核心是一个产品或者一项服务。系统的演化过程是围绕着产品或服务的产生、推出到市场最后退出市场这一个生命周期展开的。当一项新产品或新服务诞生后，为了将它推向市场，相应的分销渠道系统就开始萌芽；经过一定的开拓期之后，新产品或新服务开始占领市场，相应的分销渠道就开始逐步扩张和发展，进入成长期；通过不断地改进产品或服务，市场占有率进一步提高使得分销渠道也获

得了更大的发展，从而进入成熟期；之后，渠道的生态演变就开始面临继续生存或退出市场的考验，当产品、服务和渠道能够持续不断地创新时，系统将进一步升级演进，但也有可能因缺乏创新或者外部环境的巨变，逐步衰退而被新的产品、服务以及相应的分销渠道系统所替代（胡斌，2008）。可以说，在分销渠道系统的生态演进过程中，其产品或服务的市场竞争力，包括技术水平、市场价值、更新速度等，是最为关键的内部核心因素。而系统中核心企业的创新能力将对此起到决定性的作用（张燚等，2005）。

（1）开拓期。

这个阶段主要是构建一个适合产品或服务特性，遵循市场销售规律的新的分销组织结构。因此，通常在开拓期，生产商会是推动这个阶段演化的核心组织。生产商会通过研究潜在消费群体的特性、分析企业自身实力、判断分销行业现状，在确定目标消费群体后寻找合适的中间商、零售商，初步建立一种共生有序的商品分销渠道关系。这是一种价值的创造和流通系统，当有价值被创造且可以分享时，利益相关者就会因该项价值对自身的利益有所期待，就会激发各个群体的热情并投入各项资源，分销渠道系统就能顺利诞生、开始成长（穆尔，1999）。

成功地开始建立分销渠道生态系统，并进入开拓阶段，需要具备几个重要条件。①根据产品和服务确定一个明确的商业模式。新的商业模式通常会由分销渠道系统中的核心成员来确立。这里主要包含三方面的内容：一是要确定潜在的对新产品或新服务有消费兴趣并愿意付出成本购买的消费群体；二是要明确新产品或新服务的市场定位和市场环境，如竞争对手、销售范围、市场规模等；三是要考虑分销渠道系统的核心或关键成员的构成和结构配置，如重要的中间商、零售商、支持企业等。②提供可以扩展与改进的早期产品。早期产品在功能、样式、设计、质量等方面可能还不是很完备，但它能给消费者带来一种新的体验而让消费者愿意尝试。因此，新推的产品应当具有扩展和改进的可能，可以为扩展阶段做好准备。③尽可能地避开同类商品已经成熟的分销渠道系统，这样既可以减少渠道之间的恶性竞争，也能够更容易地吸纳有潜质的可以进行合作的渠道成员，使初步建立的渠道生态系统平稳成长。

（2）成长期。

分销渠道生态系统经过开拓期后，逐步具备了生态进化的能力和条件，从此进入成长阶段。在此阶段，分销渠道所销售的商品特质是决定渠道生态系统演变速度的关键决定因素。其内容包括商品核心技术含量的高低，产品研发改进速度的快慢、所能传递的价值的大小等。在分销渠道生态系统成长的初期，一般竞争对手相对较少，商品销售的利润空间相对较大。这一特点会有利于吸引其他分销渠道系统的成员跳转加盟，并吸引希望投资获利的各种资源在本生态系统的聚集。在此阶段，分销渠道生态系统进化演变的主要特征是：产品种类增加、利益相关者群体增大、系统边界扩展、市场竞争力和风险抵御力提高，从而具有较强的生命力（穆尔，1999）。

构建一个核心分销渠道群落是分销渠道生态系统在这个阶段成功的关键运作内容。要想方设法吸引最好的消费者群体、最能干的分销商、最重要的零售渠道等。一个没有核心群落的分销渠道系统将难以提高系统核心能力和市场竞争力，从而日益松散。当缺乏消费者、中间商、零售商以及其他相关企业和组织的支持时，系统将难以继续成长和发展，最终退出市场。值得注意的是，在这个阶段还应该根据系统的总体目标和发展战略控制扩展速度，保持成长节奏，避免盲目扩张而陷入困境。

（3）成熟期。

在成熟期，分销渠道生态系统进一步快速成长，结构日趋稳定、规模增大、成员素质提高、系统运行越来越融洽、扩张能力越来越强、其市场竞争能力也得到极大的提高。系统内部的全体成员共同确认的协议和关系，成为分销渠道生态系统顺畅运行重要基础。在这一阶段，系统中成员构成比较稳定，成员之间形成动态稳定的合作关系。

具体来说，在分销渠道生态系统中，核心企业种群与其他成员企业以及消费者种群之间建立了一种长期的、相互信赖的、互惠互利的渠道关系。系统内各成员具有高度的合作精神，相互信任支持，合作协同发展。系统内成员之间的合作，不仅仅体现在战略层面具有共同的利益和一致的战略目标，在具体操作层面，也经过长时间磨合实现了高度的协同。

此外，成熟期的分销渠道生态系统，其成员的合作高度专业化，核心技术相当成熟，具有高度的产品升级、转向和扩展能力，对于市场的变化也能迅速作出反应，从而能够有效保证系统在遇到内部或外部环境突变时保持稳定的状态。在这个阶段，由全体成员共同确认的协议和关系，成为分销渠道系统运行的自组织机制。在这一阶段，核心企业群体的创新能力对于延长分销渠道生态系统的成熟期十分关键。核心企业群体高水平的创新能力可以引导并保持系统在产品、技术、销售方式等方面的整体创新水平，从而降低外部克隆者和新范式竞争对手对于系统的负面冲击。

（4）自我更新或衰退期。

分销渠道生态系统的演变也遵循生物周期的规律。从内部因素来说，系统不可能无限制地发展至无限大的地步。系统每一步的扩张，伴随的是系统成本总量的提高。从系统外部因素来说，外部环境的资源总量是有限的，也就意味着其生态容纳能力也是有限的。系统的扩张消耗了更多的资源，外部环境会相应产生反作用力对其限制，以确保不突破生态容纳极限。除此以外，还有很多因素决定了生态系统在外部大系统环境中也必须要经历新陈代谢的过程。因此，在经历了前面几个阶段的演化之后，分销渠道生态系统都必然要面临两个进化结果的选择：一是当系统创新缺失，无法适应新技术发展、竞争性新产品推出、市场需求变化以及其他非生物环境因素的变化，最终使得该系统逐渐落、衰败、消亡，或被其他新发展的系统所替代；二是当系统保持并发展创新能力，充分利用新技术、新手段、新理念，不断改进提升核心产品、核心服务，创新商业销售模式，推动整个系统的协同进化和升级，则系统能够持续保持活力，延缓消亡的时间。

2. 分销渠道系统动态演化机制

从组织生态系统的角度建立起来的分销渠道系统的演化是自组织与环境选择相结合的产物，其中自组织是内部机制（李刚，2005），而环境选择和环境适应是外部机制。

自组织是系统依靠其自身运作过程，重组其自身结构，形成新的运作模式和运作秩序的能力（王战平等，2006）。自组织通常会使系统结构更加复杂，也是使得系统特征出现的底层机制之一。自组织现象在自然界无处不在，例如：不同的植物分布在同一区域共同生长有自组织的作用，鬣狗组成固定的群体进行觅食也有自组织的作用；一群物种也会由于自我组织形成一个生态共同体。

从热力学的观点来看，生态系统是熵含量不断增加的耗散的系统，是远离平衡的开放系统。自组织可以使一个生态系统通过与外界交换物质、能量和信息，降低自身的熵含量而达到动态平衡（吴玲等，2004）。从系统论的角度来看，自组织能够使生态的系统从简单向复杂、结构从无序到有序、功能从粗糙到细致的方向发展进化（范小军等，2008）。自组织理论已被广泛应用于生命系统和非生命系统对复杂适应、发展演化等问题的研究。分销渠道生态系统如何适应外部环境以维持持续的发展和演变，是一个与生物学相关的跨学科问题，也适合自适应理论应用。因此，以自组织理论分析分销渠道生态系统的动态演化机制，对于分销渠道的理论研究来说具有一定的创新意义。

（1）内部机制。

自组织是分销渠道生态系统动态演化的内部机制。该自组织过程在排除外部环境特定干涉的条件下，根据系统的内部运行规则，自行对现有组织结构进行的调整、扩充，使得系统的组织结构从简单到复杂、从松散到紧密、从简单到结构化，从而使系统的生命力得到加强。

排除外部环境特定干扰，并不是指切断与外界的沟通互动。实际上，自组织的过程是以系统与外部一定程度的交流为基本条件的，包括了物质、信息与能量的交流。只有当外部环境向系统输入物质、信息、能量达到一定阈值时，系统的自组织才能发生（王珠林，2005）。

耗散结构理论是一种经常被运用于解释系统在与外界环境进行物质和能量交换的过程中，从混沌失序状态转变为有序平衡状态的基本原理（吴彤，1998）。由于都是研究系统的平衡和演变问题，耗散结构理论和自组织理论能够相互支持和解释。耗散结构理论认为一个系统自组织的过程，即原来的无序的结构演变成有序的新结构，需要系统不断地耗散能量。而形成耗散结构，必须满足以下四个条件：系统开放、远离平衡态、非线性相互作用和涨落（伍硕，1999）。上述四个都是形成系统自组织的必要条件，且有各自的地位和作用。四个条件中单独的任何一个都不足以引发系统自组织行为（胡斌，2006）。

①分销渠道系统开放性及开放程度。系统通常可以分为封闭系统与开放系统。封闭系统指的是与外界没有物质、能量交换，或者极少交换的系统。这样的系统不具备或者基本不具备自发地从无序的无组织状态走向有序的组织状态的动力，因此不可能出现自组织。严格意义上的封闭系统一般仅在理论上或者在实验室内存在。开放系统是指与外部环境或者其他系统有交流互动的系统。这些交流互动的内容主要包括物质、信息、能量等。开放系统在现实中普遍存在。分销渠道生态系统就是一种典型的开放系统，因为它必须不断与外部环境进行物质和能量的交换，才能正常维持整个系统的正常运行。

根据自组织理论，只有当外部输入的物质、能量等达到一定阈值时，系统才有条件发生自组织。这就要求分销渠道生态系统的开放必须达到一定程度，才会出现自组织。可以用热力学的原理来解释这个现象：当系统的开放性程度非常小时，外部环境能进入系统的熵将十分有限，此时系统几乎就是一个封闭系统。在这种情况下，有限的熵交换导致的负熵流就不足以抵消系统的熵，从而使系统的总熵仍然呈现大量增加状态（刘亚敏，2006）。在相对应的宏观状态下，系统的组织程度会因其结构从无序状态向更加无序状态演变，而进一步呈现下降趋势。

应用热力学公式，可以用 $S_{t'} = S_t + S_e$ 表示分销生态渠道系统的总熵值。其中，S_t 代表内部熵产生，由于系统存在成员之间的交流，所以 $S_t > 0$。S_t 的大小代表了系统结构无序程度的大小。随着系统内 S_t 值的逐步增加，分销渠道生态系统会呈现由有序状态向无序状态演变的趋势。S_e 代表的是系统与外部环境进行物质、能量交换而产生负熵流。负熵流可以和熵流相互抵消，从而使系统内部某一时间点的总熵 $S_{t'}$ 降低。随着负熵流的增长，系统总熵 $S_{t'}$ 会进一步降低，这意味着结构无序化的趋势会得到减缓，有序化趋势得以提升。根据热力学第二定律，在上述公式中，只有当 $S_{t'} < 0$，即系统从外界获得的负熵流大于内部的熵产生时，分销渠道生态系统才能彻底改变无序趋势。当分销渠道生态系统生长或演化的自组织能力达到最强时，系统

总熵值降到最低，此时系统获得的负熵值也达到顶峰（张铁男等，2010）。值得注意的是，任何系统的开放都是有限度的，不能100%向外部环境开放。否则，系统与外部环境之间的边界将消失，也就丧失了系统独立性，成为外部环境的一个组成部分。

②分销渠道系统远离平衡态。系统的平衡态对于系统组织结构来说，意味着已经达到稳定，不会产生变动。平衡态下的分销渠道生态系统也不具备产生自组织的动力。因此，系统内部出现自组织的另一重要条件是其未达到平衡态区域。而且，系统离平衡态越远，系统组要自组织的动力就越强。要驱使系统跃出平衡态区域，从系统内来说，系统内成员企业必须加大协作，加大系统内部物质、技术、信息的流动；从外部环境来说，经常性地引进新成员、新技术、新的消费群体等，可以加大系统内外物质、能量流动和交换。

③分销渠道系统内部组织非线性相互作用。由于使系统出现自组织的条件是使其跃出平衡态，相对于系统内部组织关系就需要它们不是对称关系（线性相互作用）。理论研究认为，非线性相互作用是系统复杂性的根本来源，也是系统结构向有序演化的重要途径（李锐锋，1997）。分销渠道生态系统的自组织演化就是在其内部大量成员企业和在相互竞争又协同的非线性相互作用下发生和发展的。

④分销渠道系统的涨落。系统的涨落是形成系统有序状态的另一个重要的动力。其具体的体现就是其中各个成员由于特性不同、能力不同、利益不同等造成它们在系统内部运行时的差异。通俗地讲，涨落就是差异。系统内部运行过程中差异变化的过程，就是一定意义上涨落的过程（湛垦华等，1989）。系统中涨落的存在，使得原先偏离平衡态的系统能向平衡状态趋近。对于分销渠道生态系统来说，经营管理理念的差异区别、技术水平的高低不同、消费者需求异质性等都是产生涨落的原因。

（2）外部机制。

分销渠道生态系统演化的动力除了系统内部自组织机制以外，还需要外部环境给予系统的赋能。外部环境的赋能并不是直接向系统提供物质、能量等，而是通过"适者生存""优胜劣汰"等选择机制，建立与系统在物质、能量、信息等多面的互动和交流。对于分销渠道生态系统来说，只有适应了外部环境，才能谈得上是真正的演化（赵驰等，2011）。所以，环境选择和环境适应是分销渠道生态系统演化的必不可少的外部机制。

①环境选择。其广义系统内的分销渠道生态系统具有两方面的选择机制。一是硬环境的选择。这里的硬环境指的是商品、服务等分销渠道应当具备市场竞争力。外部环境中会有大量来自其他分销渠道的系统竞争，只有具备强有力竞争能力的系统才可能在外部环境赋能上占据优势地位，获得尽可能多的资源用于自身的演化和发展。二是软环境的选择，这里的软环境指的是社会、经济、文化、制度环境等影响生态系统生存、发展的软性因素的集合。例如，对于科技含量比较高的分销渠道生态系统来说，具备相应较高科技研发、应用、推广水平是系统能够长时间生存的基本条件，对于仅具备销售核心能力的分销渠道系统，几乎不可能应对技术环境的变化而最终退出高科技产品的核心分销市场。

②环境适应。对外部环境的适应是分销渠道生态系统演化的一个充分条件。可以用非常简单的例子来说明环境适应对于生态系统演化的重要性。例如，A 产品使用塑料包装，在市场上的各个方面都占据优势，技术先进、使用方便、价格合理，销售也非常不错，当环保理念普及，消费者群体从不在意包装材质到开始注重减少对不可降解塑料制品使用的情况下，如果 A 产品不及时更换使用环保包装材料，就有可能影响其市场的销售，在激烈市场竞争环境下，A 产品以及相应的分销渠道就有可能逐渐变得难以持续发展。在这个案例中，并不是因为 A 产品和原先的分销渠道缺少核心竞争力，而是因为缺少市场适应能力，造成渠道发展的困境。

（七）组织生态学权力视角下中国分销渠道体系的演变

从组织生态学的视角，分销渠道体系的演变可以看作是在外部环境的影响下，分销渠道生态系统中基于共生关系的种群权力结构的变化。将外部的宏观环境分为：经济环境、流通环境和消费环境。可以以此来研究、分析三个环境维度变化所导致的分销渠道体系内部权力结构的变迁历程。在上述设定的基础上，我国分销渠道体系的演变大致可以分为四个时代。

1. 生产商主导时代：改革开放之前

改革开放前，我国在计划经济体制下，经济增长缓慢，社会流通体系不健全，消费环境单一。此时商品流通渠道内的各类企业作为国家生产流通职能的一个总体组成部分，不具备市场化的能力。同时，这个时期由于生产力不高，各方面的资源均十分匮乏，相应地，商品流通渠道的生态环境也十分简单。主要体现为拥有生产资料的生产商，掌握着渠道系统内的绝对权力，批发商和零售商只有想尽一切办法去获得产品，才能满足自身生存、发展的需要（王涛，2009）。

2. 中间商主导时代：改革开放后至 21 世纪初

改革开放后，我国经济得到了极大的发展。这一时期，企业的生存条件得到了改善，生产能力迅速增强。消费者的需求也随着经济的增长得到了释放。总体表现为市场的商品总类和数量都开始明显增多，分销渠道也逐渐成为企业生存发展、构建市场竞争优势的关键。但是，这一时期我国的商品流通体系仍然处于不完善的阶段，体现在分销渠道体系上就是渠道单一、技术落后、效率低下。而外部环境总的来说是：经济环境得到改善、流通环境变化迟滞、消费环境略有改善。受社会商品流通弱环境的影响，基于生产力和消费需求都亟待释放的实际状况，中间商在分销渠道体系中的地位开始凸显。由于这一时期网络销售平台、第三方物流尚未成熟，经销商、批发商等在牢牢地控制着分销渠道体系的关键环节——供应链。这就导致了原先占据渠道主导地位的生产商也需要依靠中间商才能及时地将大量的商品转移到消费者手中。

3. 终端商主导时代：21 世纪初至 2020 年

在这一时期，由于城乡二元结构的客观存在，城市市场的分销渠道体系表现为终端商主导，而农村市场的分销渠道体系仍然表现为中间商主导。自2001 年加入 WTO 以来，我国经济飞速发展，各个行业的生产企业数量和质量都得到了极大的发展，城市社会流通体系已经基本健全，消费环境得到了进一步的优化。在消费端，消费者的需求呈现出从数量的提升转化为内容、质量的提升，由标准化产品的消费转向个性化、定制化消费。同时，消费者对于相应的商品销售质量和消费体验也提出了更高的要求。在这一时期，基于消费升级的驱动，包括分销渠道体系内的终端商，特别是零售商群体，得到了快速的发展。终端商借助能够零距离接触消费者的优势，第一时间掌握消费者的需求信息，迅速营造相应的消费环境，调整商品供给结构和销售策略，以进一步引导、促进商品的销售。因此，终端商在这一时期的分销渠道体系中占据了主导地位（王涛，2009）。

4. 消费者主导时代：2020 年以后

伴随我国经济的快速增长，全面建成小康社会的目标已在 2020 年基本实现，城市化进程效果显著，城乡二元结构逐渐消失。在这一时期，分销渠道环境表现为：经济高速发展、社会流通体系成熟、消费环境相当成熟。明显呈现出个性化特征的消费者需求将逐渐成为分销渠道系统的起点和重心。逆向营销模式将成为占据主导地位的分销组织竞争法则。因此，在这一阶段，分销渠道生态系统以消费者需求为导向，生产、中间、零售等各个群体能否实现对消费者需求变化的动态适应，决定了未来分销渠道生态系统的生存空间和发展前景。

第六章

组织生态理论下的分销渠道系统的改进

一、分销渠道系统构建的局限性

（一）对分销渠道系统的战略重要性的认识还有待提高

现阶段我国企业对于企业分销渠道模式的选择基本依据传统的渠道管理理论。企业普遍认为，产品分销的关键是：产品质量优、分销成本低、交货时间短、售后服务好。因此，分销渠道的构建就是完全按照这些标准组织、建设。这导致企业更多关注的是自己的产品或服务的成本、质量、交货期等问题，而并没有将渠道关系、渠道生态、渠道发展纳入渠道建设的考虑内容。造成上述问题的根本原因就是企业过多地从战术和运营角度来看待分销渠道，而没有充分考虑其在战略方面的重要性。因此，企业在构建分销渠道、选择渠道伙伴、设计渠道架构、计划渠道发展时，应当增加战略层面的考虑。

（二）分销渠道系统构建方式手段有待提升

当前，对于分销渠道系统有效性的考核有三大标准：经济性（渠道成本）、可控制性（渠道控制）和适应性（市场变化）。现行的渠道模式选择方法都比较陈旧，而且不能够很好地兼顾上述三个方面的内容。前面总结的产品特性分析法，仅仅从产品特性这一维度来考虑渠道的构建，忽视了大量的涉及商品销售的重要因素，在当前的复杂商品销售环境下，既缺少完善的理论依据又无法指导实际操作；财务方法和交易成本分析法也是一样的问题，虽然追求渠道建设经济性十分重要，但是仅仅考虑经济性对于渠道系统长远发展也是十分具有局限性的；管理学方法为渠道模式的选择提供了更广阔的视野，而且有关的理论也在不断的完善、改进，其最大的问题在于缺少有力的实践指导工具，难以针对每个企业的实际情况给予指导，生搬硬套其他企业好的渠道建设模式，即便短期产生效果但容易使得分销渠道系统死板固化，缺乏动态适应性。

（三）现行分销渠道系统的管理缺乏灵活性和对外部环境变化的适应性

企业在建成分销渠道系统后，由于结构惯性的存在，习惯于固守既定模式，对外部环境变化的敏感程度和适应性较低，因而在应对各种不确定因素的负面影响时就会出现困难和问题。当前，移动互联网5G、大数据分析、人工智能、区块链以及物联网技术的不断成熟，使国内商品的流通环境日新月异；由于国际贸易纠纷、新冠疫情等不利因素造成了消费市场的动荡加剧、不确定因素增加；经济转型升级、拉动内需双轮驱动等政策推出，这些新的变化都决定了依据传统理论对企业分销渠道模式进行单一的、一劳永逸的决策，已经不能够适应新时期渠道系统发展的需要。

（四）缺乏互联网经济条件下的各种新型分销渠道的管理和运作技术经验

电子商务的普及、物流网络的成熟、网络信息技术的升级和数据采集分析技术的大量应用，都决定了企业对于分销渠道的管理是一项综合的、有挑战性的工作。同时，新形势下分销渠道系统内部竞争愈发激烈，渠道成员关系复杂，渠道生命周期缩短，对于分销渠道系统的管理必须具有前瞻性，还要具有能够根据环境多方面协调和动态调整的能力。

鉴于传统的方法难以解决新形势下企业分销渠道系统的构建和管理难题。因此，借鉴组织生态理论，从外部环境变迁影响分销渠道系统内系统平衡和发展的角度，提出企业分销渠道系统构建和管理模型，以期在满足渠道经济性、可控制性、适应性的基础上兼顾前瞻性，为中国分销渠道系统发展提供借鉴。

二、分销渠道系统改进的外部环境

互联网经济的快速发展使得分销渠道需要作出相应的变革。但无论分销渠道的结构和形式如何变化，推动商品流通销售的动力和关键还是对消费者需求的满足。因此，把握新时期消费者的群体特征及行为的变化是分销渠道改进取得成功的重要着眼点。当前，消费者已经不仅仅满足于传统对商品价格、质量和相关服务的追求。随着消费群体的个性分化，产生了大量不同的新的消费偏好，例如新奇偏好、便捷偏好、知识偏好、体验偏好、环保偏好等。如何有针对性地根据承销商品的特点，满足这些新的偏好成为新时期分销渠道结构和运营改进的方向。

一是市场需求多元化。首先是便捷式消费，需要分销渠道提供全方位、时间灵活、方式便利、项目全面的服务；其次是体验式消费，需要分销渠道更加注重消费者的参与、体验和感受；最后是深度消费，需要分销渠道在销售商品的同时为消费者扩展相关的知识，开阔消费者的视野。

二是市场需求个性化、圈层化。由于市场大量出现同质性商品，使得消费者对于标准化程度高的、市场铺货量大的、因网红爆款而充斥市场的商品产生了厌倦心理。在消费升级的基础上，更多的消费者求新、求变，并产生了对个性化商品和圈层文化的消费需求。以线上渠道为例，过度依赖流量红利已经让电商平台看到了未来业务增长的天花板，打价格战、爆款促销、尾货处理等电商一贯使用的销售利器，已经渐渐失去对消费者决策的影响力。传统的商品销售突出的是产品本身，而在新时期，销售商品时展示和推广的个性化生活方式、特定品位的生活态度和依照消费者特性打造的不同社交生态圈已经成为吸引消费、扩大消费群体的重要手段（李东方，2016）。

三是线上线下进一步融合。当前，线上渠道和线下渠道在不同的消费群体、消费环境下有着各自优势，因此并不存在相互替代的关系。虽然线上渠道所占的市场份额越来越高，但是线下渠道仍具有特殊市场定位、社会功能等核心竞争力。线上渠道的便利、实惠、社交等特性并不是消费者决策的唯一决定因素。因此，深化线上线下融合是今后分销渠道发展的必然趋势。它能够实现更优的服务、更低的成本、更高的效率，促进资源的优化配置。尤其是移动5G互联网技术的推广成熟，为促进消费需求、拓展网络社区、优化分销渠道、完善网络支付提供了更加优良的条件。因此，分销渠道要充分利用现代信息技术推动传统的经营方式转型升级，创新商业模式，进一步推进线上线下融合发展。

四是大数据和精准化市场。随着互联网技术的不断成熟、升级和互联网销售平台的全面发展，（移动）互联网已经成为商贸活动不可缺少的一个组成部分。在享受网络带来便利的同时，急速发展的互联网也给消费者带来了信息爆炸的问题。如何通过搜索算法的优化，大数据挖掘能力的提升，在互联网中为消费者快速挖掘其急需的信息从而实现精准营销，将成为未来分销渠道升级发展的重要切入口。

三、分销渠道系统（价值）网络构建模式

一种是以核心企业调控主导的分销渠道网络组织模式（见图6-1）。这种组织模式以分销渠道系统中的核心企业（群体）为主导，组织其他渠道成员按照标准化模块形式接入系统，并按照标准化系统规则，在核心企业（群体）的统筹管理下开展有序的分销活动。在这种组织模式下，标准（模块）化和核心企业统筹是分销渠道系统的价值基础。在分销渠道运营过程中，核心企业（群体）会按照制定的规则与模块企业（群体）进行定期的沟通和交流，除了分工协作以外，重点是就不断变化的内、外部环境信息进行分析、研判，并以此对商品和服务作出相应的调整，最后由核心企业（群体）进行统一整合后，提供给消费者选择。这样的模式比较适合核心企业具有明显的技术（市场）领先优势、主打商品具备短时期内竞争对手无法抗衡的价值优势的分销渠道的构建。按此模式构建的分销渠道系统，目标精准、运行高效，很容易在短期内形成商品销售的规模效应。

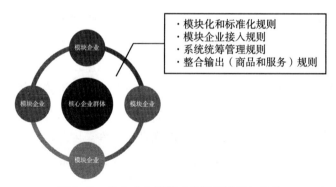

图 6 - 1　核心企业调控式分销渠道组织结构

资料来源：由笔者整理绘制。

另一种是平台集群式分销渠道网络组织模式（见图 6 - 2）。在这种组织模式下，分销渠道系统内并不存在绝对的或者固定的核心企业（群体）。分销渠道的所有成员是由于共同或接近的价值观、利益诉求聚集于一个特定的

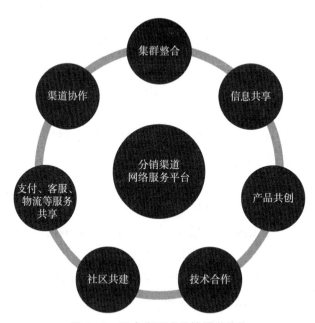

图 6 - 2　平台集群式分销渠道结构

资料来源：由笔者整理绘制。

分销平台内的。平台内的成员基于分工协作、互相需要形成相对平等的分销渠道成员关系。平台的运行规则基于平等、共享、共创的价值基础，可以是通过所有成员协商制定，也可以由专业的第三方（网络）平台服务机构根据所有成员的约定整合而成。平台在产品分销的运营上，通常会以项目制的模式开展。在单个分销项目中，会根据产品、市场的特点形成临时的核心企业牵头推行销售。这个模式得益于平台成员之间存在多层次、多条线的信息交流渠道，更容易捕捉市场消费热点，灵活调整分销产品，十分适合个性化以及多变的消费需求。

四、分销渠道系统"三流"改进路径

分销渠道生态系统是通过内部、外部的物质流、信息流和能量流的传递来进行运行、演化、发展的（龙妍等，2006）。因此，分销渠道生态系统的改进可以在构建价值网络的基础上，从物质流、信息流、能量流这三个方面着手。

（一）物质流的改进

物质流，主要指产品（服务）、资金等"有形资产"的交换。针对当前分销渠道效率不高的问题，改进物质流的目的就是要提高分销渠道系统中各个节点之间的物质交换效能和效率。

1. 建立高效物流网络，选择合适物流模式

物流及其管理在分销渠道系统占有重要的地位。一般而言，在分销渠道系统建成初期，物流的使用经常是依据各成员的偏好分散进行的。这种没有经过统筹安排的物流运作模式，衔接效率低、故障率高，影响了分销渠道系统的发展。因此，必须建立或者引入基础设施良好、采用先进信息技术和自动化手段集中管理的物流服务组织。分销渠道系统可从以下三种物流企业类型中进行选择：一是自有型物流企业，系统成员承担且仅为本分销渠道体系服务运作模式，这实际上是系统的一部分职能的体现；二是自建型物流企

业，与渠道成员有从属关系，但是独立于分销渠道运作，而且向社会提供物流服务的机构；三是第三方物流企业，专业的物流服务提供企业，分销渠道体系与之签订合同，为分销渠道系统所有成员提供长期稳定的物流服务。

2. 建立交易结算自动化平台，加快资金的流动速度

在分销渠道系统中，资金不仅在系统形成过程中扮演着重要角色，而且是维持系统正常运行的重要基础。分销渠道内的资金运转对于整个分销渠道系统而言，涉及不同成员企业的不同项目和不同节点，笔数多、数量大、流向复杂。为了提高资金在分销渠道系统中的流动效率，降低资金流动迟滞现象的发生，有条件的系统应该建立内部交易平台，实现资金核算、结算的一体化和专业化。此外，还要加强对网络资金支付安全的关注和管控，加强自我防范，严防网络支付安全问题。

3. 提高分销渠道系统的线上线下融合

互联网技术的发展，使得线上分销模式的比例越来越高。分销行为也从传统的以商流（物流）为主，拓展到线上线下融合模式中的物流与信息流并重。分销渠道成员对于各类信息的采集、分析、传递、展示也成为分销活动的主要内容。从分销渠道系统的内部运作来看，各类成员有必要优化各自线上线下的一体化水平。制造企业可以通过网络平台汇集下游组织以及消费者关于产品的需求信息，从而改进产品研发的方向，还可以充分利用网络信息的即时性，改变传统生产逻辑顺序，即由先生产再销售变为先销售再生产。这些都需要制造企业提高研发、制造和营销的全面一体化能力。中间商可以充分利用信息管理技术和数据分析，大幅降低商品库存率，甚至可以实现零库存，从而节约运营成本。同时，还可以充分利用原有信息汇集和处理的优势，强化网络化信息处理能力，使企业成为商品销售信息集散地。这些都需要中间商实现信息化改造和核心竞争力转移。零售商可以充分发挥线上线下各业态的特色，发挥不同的特殊功能，形成协同经济效应，推动零售企业整体效率的进一步提高。

（二）信息流的改进

信息流，主要指信息的传递、反馈与控制。在分销渠道系统中，各个成员之间存在的大量来自正式交流渠道和非正式交流渠道的信息，这些信息都称为分销渠道信息。由于系统成员众多、相互关系复杂、信息交流节点众多，当系统信息畅通时，系统运行通畅、运转高效，但如果系统信息传递混乱，轻者会影响系统运行效率，重者会导致系统运行的冲突。因此，分销渠道系统可以自建或者购买专业的信息沟通和协同系统，实现分销渠道系统信息网络平台化管理。

分销渠道系统信息网络运行可从以下几个方面加以改进：

1. 信息流程的网络优化控制

分销渠道系统不但会产生大量内部信息，还有不同渠道成员收集引入的外部信息。这些信息在系统的成员企业之间互相传递，很容易形成信息的堵塞、迟滞和丢失，因此需要建立和优化系统内信息传递流程的控制：一是要确保重要市场信息和内部运营信息的优先流动权；二是明确重要信息的流向；三是要总体把握系统内信息流通速度及信息量；四是加大信息流通控制技术的投入以提高效率。

2. 强化核心企业信息的发布与动态控制

对于具有核心企业（群体）的分销渠道系统来说，连接核心企业（群体）信息发布对于系统的正常运转、调整运营、应对危机都十分重要。畅通的统筹信息的传递，对于强化系统的整体运营有着事半功倍的作用：一是系统应当建立以核心企业（群体）为中心的信息发布网络，实现信息传递的电子化和即时性；二是明确内部信息的传播层次与范围，防止不必要的内部信息外流；三是定期检测优化信息发布网络，并根据核心群体的变化作出及时的调整。

3. 信息技术的网络优化

信息技术网络对信息的流动起着强有力的支撑。分销渠道系统的有效运行应当充分利用最新的计算机技术、互联网技术和通信技术：一是利用计算机和数据通信网络，对具有一定结构特征的标准商业文件，在渠道成员间进行交换，实现渠道运行、商品交易处理网络化；二是建立系统内部网络平台，强化成员企业、相关联部门之间的连接，使它们可以随时召开网上会议，交流各自情况，讨论各种问题，从而有效地提高组织的运行效率，改善成员之间的合作关系，促进业务的发展；三是充分利用互联网各种平台，建立系统与外部各相关者的连接，提升系统与外部的交换水平。

（三） 能量流的改进

可以从知识赋能和文化赋能的角度对分销渠道的能量流进行改进。分销渠道系统由不同专业的成员企业构成，这些企业都具有与其他成员不同的知识储备，而且拥有的知识水平也不尽相同。从知识就是生产力的角度看，分销渠道系统是一个多种知识资源聚集的知识网络系统。因此，分销渠道系统应当推动建立知识在成员企业之间的共享与传播机制，推动知识在不同成员企业之间的传递。这既有利于拓展每个成员企业的知识视野，推动思维变革，提高创新能力，又有利于分销渠道系统提高整体市场竞争能力，实现可持续发展。

与知识网络相似，分销渠道系统中具有不同文化/企业文化的成员构成了一个多文化汇聚的网络。与知识网络不会存在对系统的负面影响的特性不同，由于分销渠道系统是跨地域、跨组织的关系安排，不同的组织文化、地域文化甚至国家文化之间所具有的文化差异经常会对系统和成员企业造成负面的冲击。在分销渠道系统成员相互作用和整合过程中，这些文化的差异也会带来沟通上的障碍甚至冲突（喻红阳等，2005）。因此，组织间文化隔阂也是影响分销渠道系统健康运行的关键因素之一。为此，系统应当加强系统中不同组织间文化的交流与协调，通过互通有无来促进系统成员的良好关系，最终形成多文化融合的凝聚力。

五、推动商贸流通企业转型创新

（一） 推动商贸流通企业商业模式创新

彼得·德鲁克认为，企业的竞争，不是产品之间的竞争，而是商业模式之间的竞争。商业模式是描述企业如何在市场中做生意的全面视角

（Zott et al.，2011），其解决的是企业创造价值、传递价值和获取价值的过程（Teece，2010；Velu，2015）。优秀的商贸流通企业都有自己独特的商业模式，如开市客（Costco）是会员制仓储批发俱乐部的创始者，是美国最大的连锁会员制仓储式超市。开市客对会员有较强黏性的关键在于其能为会员提供低价高质的商品，而其能为会员提供低价高质商品的关键在于其构建起的强大供应链管理能力、自有品牌建设能力、成本控制能力以及充足而低价的配套服务等，如开市客于 1995 年创立了自有品牌柯克兰（Kirkland Signature），该品牌包括休闲食品、保健补剂、冷冻食品、清洁用品、纸类用品和电池等[①]，开市客的库存周转天数为 30.51 天，显著低于国内外同业水平[②]，目前全世界能够做到综合费用率 10% 的只有两三家公司，开市客便是其中一家[③]。在数字技术飞速发展与加速应用的背景下，我国商贸流通企业应围绕客户价值，实现营销方式、服务模式、组织管理等的创新。

（二）创新商贸流通企业组织结构

知识是企业竞争优势的决定性资源，知识资本与企业净现金流量、净利润正相关（Nonaka，1994；Spender，1996；Teece，2000）。我国不少零售企业很重视知识管理，如华润万家与支付宝建立了合作关系，使企业能及时了解消费者的需求信息和消费动向[④]，通过持续推动产品采购、运输、验收的规范化与标准化建设，促进了企业与渠道成员的良好合作，通过不断完善企业管理制度，进一步提升了企业管理的规范性和科学性，提高了决策效率。另外，秉持"以人为本"的价值理念，华润万家持续完善和深化人才培养机制，提升员工创新力，2019 年华润万家面向关键人才、一线门店及

---

① 上海市品牌授权经营企业协会.自有品牌展.疫情当下，开市客、大润发等刷出历史新高，自有品牌功不可没［N/OL］.搜狐网，https：//www.sohu.com/a/391539033_100198219.

② 兴业研究信用研究委员会.Costco——精细化运作的全球仓储超市领导者［N/OL］.搜狐网，https：//www.sohu.com/a/340710246_820796.

③ 刘芳平.刘强东：京东自营零售综合费用率不到 10%　2018 中国"互联网 +"数字经济峰会［N/OL］.雷锋网，https：//www.leiphone.com/news/201804/cgLU5qHbveBAkGtG.html.

④ 何丹琳.华润万家要做零售业最大移动支付　看重大数据合作［N/OL］.联商网，http：//www.linkshop.com/news/201*5323258.shtml.

基层员工等开展了 13 个培训项目，覆盖近 12 万人①。华润万家通过对流通渠道成员信息的获取与分析，形成了对市场需求的准确研判；通过完善员工成长体系，促进了隐性知识的显性化，促进了知识在企业内部的共享、融合与创新；通过持续优化管理体系，增强了企业适应外部环境的能力，促进企业绩效的提升。在中国连锁经营协会发布的 2019 年中国超市百强榜单中，华润万家以 951 亿元销售额排在首位②。

（三） 加速商贸流通企业数字化转型

数字化转型能为商贸流通企业发展提供新动能，且《"宽带中国"战略及实施方案》《关于积极推进"互联网＋"行动的指导意见》《国家信息化发展战略纲要》等的陆续出台，为商贸流通企业数字化转型创造了良好的外部环境。为此，商贸流通企业要加快与数字技术的深度融合，实现企业对消费者行为的动态追踪与精准分析；要进一步提高供应链管理水平，推进商贸流通企业与供应链上各企业间的深度合作，实现对选品、定价、补货、采购等的实时动态调整，实现商贸流通企业在信息发布与商品交易中向撮合上下游交易、促进渠道整合与优化转变。另外，国家要推进 5G、工业互联网、数据中心等新型基础设施建设，加大农村流通基础设施数字化建设力度，处理好数据开放与个人数据保护的关系，明确企业可以采集、使用的数据边界，明确数据提供者和使用者的责权利等，筑牢商贸流通业数字化转型的基础。

六、降低渠道冲突，增强渠道成员的协同合作

渠道成员们处于不同的位置，有着各自不同的目标，当彼此利益产生冲突时，矛盾就会出现。降低渠道冲突，实现渠道成员的协同合作成为要解决

---

① 华润万家有限公司. 华润万家 2019 年企业社会责任报告 ［N/OL］. 华润万家官网，https：//www. crv. com. cn/whyzr/shzr/zrbg/.

② 证券时报 e 公司. 2019 年中国超市百强榜单发布：华润万家销售额居首位 ［N/OL］. 新浪财经网，http：//finance. sina. com. cn/roll/2020－06－29/doc－iirczymk9616862. shtml.

的重要问题。

（一）培育大型商贸流通企业

一是在政府、行业协会的主导下，支持我国有实力的商贸流通企业通过采取收购、兼并等形式扩大其规模，支持我国商贸流通企业通过组建股份公司的方式扩大其规模。二是商贸流通企业要加强企业品牌的培育和管理。相对于制造企业，我国商贸流通企业要加强企业品牌建设，提高企业的知名度和美誉度，提升消费者对企业的认可水平。三是引导商贸流通企业"走出去"。支持我国商贸流通企业借助国外消费者使用的社交媒体、搜索引擎等，扩大全球影响力；支持我国知名零售企业和电商平台采取特许经营、加盟合作等方式，建设海外服务网点，形成一批集线上线下销售、营销、服务、物流于一体的海外商贸服务网点。

（二）创新渠道成员合作机制

哈肯（Haken，1983）认为协同是在复杂系统内各子系统的协同行为下产生了超越各要素单独作用而形成的整个系统的联合作用。为了更好地发挥并强化渠道成员的各自优势，形成制造商、批发商、零售商、消费者参与的集生产、流通和服务高水平融合的渠道协作平台，就需要构建有效的协调机制，机制的缺失将造成合作的破裂（Drejer et al.，2005）。为此，一是构建优势互补的战略联盟。在战略联盟中建立起良好的沟通机制、运营监控体系、组织学习制度等，实现工作流程的集成，达到生产和销售的均衡与同步。二是探索共同配送机制，实现零售商与生产商、零售商与批发商、生产商与批发商、零售商与零售商等之间的共同配送。三是构建成本协同管理机制。商贸流通企业可通过制定并共享中长期订货计划，改善渠道企业库存不足或库存过高的情况，降低渠道企业的存货积压成本、保管成本、报废成本、融资成本等（马秀丽，2019）。

（三）构建渠道信息平台

构建渠道信息平台对商品的生产信息、销售信息、库存状态、流通状态等进行实时监控，能更好地实现生产、流通、仓储、销售等的智能管理，使分销渠道能快速响应碎片化的订单和客户个性化的需求。一是持续推动渠道成员的信息化建设。如进一步推进物流业信息化建设，实现货源、车（船）源、物流服务等信息的高效匹配。二是探索渠道信息平台的系统架构。王慧颖（2018）认为可基于 SOA 系统架构全渠道供应链信息平台，设计包括门户层、应用服务层、系统整合层和基础支撑层在内的应用系统。迟瑞芹等（2012）认为，可以射频识别系统、红外感应器、全球定位系统、激光扫描器等信息传感设备为主，架构服装批零集散平台。三是推动数据采集标准化建设，做好渠道数据管理、共享等工作。如推进零售业与快递业数据对接工作的开展，提高物流业与零售业信息的一致性。四是提升渠道成员员工对信息技术的掌握水平。现代信息技术是否可以在企业中有效地发挥作用，不仅取决于管理层对所获取信息的分析和使用能力，还取决于普通员工对信息技术的掌握水平和熟练程度，企业应设计更为科学合理的激励体系、薪酬体系，激发员工学习潜能。

七、营造分销新生态成长的良好的外部政策环境

党的十九届五中、六中全会深入分析了我国发展环境面临的变化，认为当前和今后一个时期，我国发展仍然处于重要战略机遇期，但机遇和挑战都面临着新的发展和变化。以习近平同志为核心的党中央提出加快构建以国内大循环为主体、国内国际双循环相互促进的新发展格局，这是把握新时代机遇，面对更加复杂挑战的重大战略。在人类历史上，"交易方式变革"和"流通升级"始终是一对孪生姐妹。无论是农耕时代的物物交换，还是进入工业社会的国际贸易，都时刻伴随着社会交易方式的变革，交易始终以一种潜移默化的姿态在不断升级。无论是宏观层面的流通体系、流通规则还是中观层面的流通产业结构，以及微观层面的流通方式、流通技术等无不伴随着交易方式变革不断向前发展。目前，国内分销渠道体系依然面临"小、散、弱"的状况，线上线下渠道融合依然不够充分，多渠道之间的流通效率依然不高，产品从生产到流通的过程依然存在成本高、效率低的瓶颈，分销渠

道升级慢所引致的产业循环不畅已成为当前流通领域所面临的突出矛盾。

2021 年，根据《中共中央关于制定国民经济和社会发展第十四个五年规划和二○三五年远景目标的建议》编制的《中华人民共和国国民经济和社会发展第十四个五年规划和 2035 年远景目标纲要》明确要求，"要坚持扩大内需这个战略基点，加快培育完整内需体系，把实施扩大内需战略同深化供给侧结构性改革有机结合起来，以创新驱动、高质量供给引领和创造新需求，加快构建以国内大循环为主体、国内国际双循环相互促进的新发展格局。"这为进一步深化体制机制改革和推进经济转型发展指明了方向，也为国内分销渠道体系重构找到了出路，为分销渠道在危机中寻新机，于变局中开新局提供了制度方向和战略锚点。

从历史上来看，制度变迁对交易方式变革和流通体系的影响是深远而根本的，对交易模式的影响也最为明显。例如，以贸易集市为代表的市场组织和市场交易制度的出现，直接将人类经济活动的交易形式从偶然交换转到固定场所的市场交换；货币和货币制度的出现，将简单的物物交换升级成复杂的市场等价交换；现代企业制度的出现与成熟，将产品市场交易转化成为要素市场交易；除此之外，法律制度和经济制度的变迁则从根本上改变了交易方式，法律制度明确了合理的交易方式，而经济制度的转轨（例如从计划经济向市场经济转轨）对交易方式变革的影响则更为根本。制度变迁贯穿于整个人类历史，制度创新降低了人类经济活动采用新型交易方式的交易费用，由此也推动了交易方式变革和流通升级的过程。

改革开放 40 多年来，随着我国交易制度的演化，我国分销、零售的渠道体系也发生了一系列质的变化，经过了集中销售—自主销售—品牌销售—便利销售，流通领域先后出现了超市、专卖店、连锁便利店，一次次的业态变革不断弥补零售的真空地带，同时提高了流通效率。同样在分销领域，从供销社统筹统配到市场初期的全国交易会、贸促会、商品交易市场、物流园、产业园，一次次的分销体系重塑创造了巨大的社会效益。

如今，全球已经进入互联网经济时代，互联网经济的兴起不仅带来了交易方式的变革，还引发了流通生态重组和流通体系重构，流通主体、流通结构和流通环境都将发生重大的变化。在新的流通生态下，生产进入数字化，流通进入智慧化，之前以现金现货现款为主的大分销体系正在面临巨大变革，越来越多的产业进入数字供应链、数字生态圈、数字销售网络的时代，而在这个变革过程中，分销的价值已经从原来简单的服务于商品的空间流转，进化为服务于商品的价值再生，分销的作用不但要实现把商品"运出去，卖得掉"的功能，而且还必须要提供"卖掉后，再创新"的功能。正在进行中的这场革命不仅会影响商品的生产，还将影响整个市场结构。新消费者主权运动兴起，消费者的主体地位更加突出，以信息资源为代表的各项资源整合和共享的进程加快，流通模式、商品和服务的迭代创新加速，网络直销、智慧流通等新业态大量涌现。

纵观世界上一些发达国家和地区，国家的国际形象和国际地位，很大程度上取决于其在国际贸易中的地位和影响力，而这必须依赖其国内外强大的产业供应链能力和市场分销体系。互联网背景下流通领域的商业模式的创新、分销体系和商贸物流生态的重构、流通行业协同治理体系的构建，以及市场内外一体化都将加快推进流通全面升级，重塑流通生态。要实现深化供给侧结构性改革，充分发挥我国超大规模市场优势和内需潜力，构建国内国际双循环相互促进的新发展格局这一战略目标，就必须加快推进国内分销渠道体系的重构。

（一）以更加开放为要求，拓展国际贸易新空间，加快构建全球化分销新生态

当前，全球正在经历百年未有之大变局，贸易保护主义抬头，俄乌局势的不断恶化，使得全球经济的"割裂"程度明显加深，全球经济和贸易格局面临重大重构。中美贸易摩擦不断升级，国内产业转型在即，打通双循环，重塑新格局，激发新动能，已经势在必行。我们必须认识到国际经贸合作是大趋势，要更加主动地融入全球经贸体系，在开放合作中提升国际贸易竞争力。

改革开放以来，我国对外贸易发展取得举世瞩目的成绩，已成为对外贸易第一大国。根据《人民日报》公布的海关总署 2023 年 1 月 13 日最新发布数据，2022 年我国货物贸易进出口总值 42.07 万亿元，比 2021 年增长

7.7%。其中，出口 23.97 万亿元，增长 10.5%；进口 18.1 万亿元，增长4.3%。2022 年，我国对东盟、欧盟、美国分别进出口 6.52 万亿元、5.65万亿元和 5.05 万亿元，分别增长 15%、5.6% 和 3.7%。同期，对"一带一路"沿线国家进出口增长 19.4%，占外贸总值的 32.9%，提升 3.2 个百分点；对《区域全面经济伙伴关系协定》成员国进出口增长 7.5%。对非洲、拉丁美洲出口分别增长 14.8%、14.1%。根据最新数据测算，当前我国出口国际市场份额为 14.7%，连续 14 年居全球首位。中国国际进口博览会等重要展会成为广受欢迎的国际公共产品。新签和升级 8 个自贸协定，区域全面经济伙伴关系协定成功签署。在二十国集团、亚太经合组织、金砖国家、上合组织等提出一批中国方案，积极参与世贸组织改革，推动南南合作和促贸援助，为全球经济治理作出积极贡献。

近年来，虽然我国对外开放的程度不断加大，但全球经济受以少数发达国家为首的国际贸易保护主义思潮影响，呈现出愈演愈烈的对我国"割裂"态势。国际贸易壁垒不断提高，贸易规则变化加剧，贸易摩擦和制裁不断出现，国际投资活动受到限制等问题已经成为我国参与全球竞争的重大挑战，国际贸易过程中遗留下来的深层次结构性问题开始显现。贸易规则面临重构，产业空间面临转移，全球需求不断萎缩，供应链重组不断加快，数字技术对贸易方式的影响不断加大，物流成本不断高涨，这一系列贸易领域的变化，使得我国外贸企业出现了短暂的客商减少、跳单、利润下滑等问题。

正确判断当前和未来一段时间的全球经济合作的变化趋势，在百年未有之大变局中抢占全球贸易新高地，力争突破疫情和贸易垄断对我国的影响，对"十四五"阶段全面建设社会主义现代化国家具有重大战略意义。习近平总书记在 2017 年瑞士达沃斯国际会议中心出席世界经济论坛 2017 年年会开幕式时，就已经明确指出"把困扰世界的问题简单归咎于经济全球化，既不符合事实，也无助于问题解决。历史地看，经济全球化是社会生产力发展的客观要求和科技进步的必然结果，不是哪些人、哪些国家人为造出来的。经济全球化为世界经济增长提供了强劲动力，促进了商品和资本流动、科技和文明进步、各国人民交往。"①

诚如习近平总书记所言，合作始终是人类社会进步的推动力，全球经济合作是不可逆转的方向。在贸易保护主义影响下，我们既要正确评估全球贸易萎缩和倒退带来的一系列挑战，也要认识到"全球经济一体化"是"人类命运共同体"的长期趋势，不断通过创新谋求新发展，为全球经济贡献"中国智慧""中国方案"。我国应积极从以下方面寻求在全球贸易新格局中的角色转变和地位突破。

一是扩大自由贸易区网络。积极参与和推动自由贸易区（FTA）的建设，与不同国家和地区签署自由贸易协定，降低贸易壁垒，促进双边和多边贸易合作，扩大市场准入，并获得更多的贸易机会。我国目前已经积极参与亚太经合组织（APEC）、中国—东盟自由贸易区（CAFTA）和区域全面经济伙伴关系协定（RCEP）等自由贸易区的建设，这些举措有助于加强我国与亚太地区以及其他相关经济体之间的贸易联系。

二是继续推进"一带一路"建设。通过进一步加强与"一带一路"沿线国家的经济合作和贸易往来，推进基础设施建设、贸易便利化和经济合作项目，扩大与沿线国家的贸易规模，并通过这些国家作为分销渠道，将中国产品和服务推向更广阔的国际市场。"一带一路"倡议已经得到了许多国家的积极响应和参与，为我国在全球贸易中的角色转变提供了机遇。

三是加强跨境电商和数字经济发展。随着数字经济的快速发展，跨境电商成为全球贸易的重要组成部分。我国应进一步发展跨境电商平台和电子商务基础设施，促进中国商品的出口和全球市场的拓展。通过提供高质量的产品、优化物流和支付体系，并与其他国家建立合作伙伴关系，提升我国在全球贸易中的竞争力。

四是加强国际合作和多边贸易体制。积极参与并支持多边贸易体制，如世界贸易组织（WTO）等。与其他国家合作，共同应对贸易保护主义的挑战，推动贸易自由化和便利化的议程，并通过多边贸易协商和合作机制寻求更公平、更平衡的全球贸易规则。同时，通过参与区域和全球性贸易协定的

---

① 习近平在世界经济论坛2017年年会开幕式上的主旨演讲［N］. 人民日报，2017－01－18.

谈判和制定，我国可以发挥更大的影响力，塑造全球贸易新格局。

五是拓展新兴市场和消费需求。积极拓展与新兴市场的贸易合作，特别是与亚洲、非洲和拉美等地区的国家的合作。这些地区具有较高的经济增长潜力和庞大的消费市场，对中国产品和服务有较高的需求。通过加强与这些国家的经济合作、开展贸易促进活动和市场推广，我国可以在全球贸易中找到新的增长点和机会。

六是加强技术创新和知识产权保护。技术创新是推动贸易增长和提高产品附加值的关键因素。我国应加大对科技研发和创新的投入，提高自主研发能力，培育高科技产业，并加强知识产权保护，以吸引更多的国际投资和技术合作。通过在技术创新领域的突破和知识产权的保护，我国将在全球贸易中发挥更重要的角色。

（二）以国内市场为依托，推进"双循环"新体系，构建内外市场一体化的分销新生态

从国内大循环与国内国际双循环的关系看，国内循环是基础，国际市场是国内市场的延伸，国内大循环为国内国际双循环提供坚实基础。发挥我国超大规模市场优势，将为世界各国提供更加广阔的市场机会，依托国内大循环吸引全球商品和资源要素，将成为我国在新的国际合作和竞争中的新优势。2023 年 2 月 2 日，国务院新闻办公室介绍了商务工作及运行情况。2022 年，社会消费品零售总额达到 44 万亿元，与 2021 年基本持平。其中，新型消费发展态势较好，实物商品网上零售额增长 6.2%，占社会消费品零售总额比重进一步提升，达到 27.2%。实体零售保持增长，限额以上零售业实体店商品零售额增长 1%，消费场景不断拓展，消费体验不断提升。升级类消费需求加快释放，新能源汽车销量增长 93.4%。同时，线上线下融合的消费新业态蓬勃发展。商贸流通信息化、标准化、集约化水平不断提高，社会物流总费用与国内生产总值比率稳步下降。

经过改革开放 40 多年发展，我国经济快速成长，国内大循环的条件和基础日益完善，内外贸融合步履扎实。"一带一路"取得突破，中欧班列顺畅运行，自贸区、自贸港、跨境电商取得突破，贸易规则上 RCEP《区域全面经济伙伴关系协定》落地执行，eWTP 取得阶段性成果，进口贸易博览会举世瞩目，都为双循环奠定了坚实基础。从国内需求潜力看，随着居民收入水平的不断提高，我国已经形成拥有 14 亿人口、4 亿多中等收入群体的全球最大最有潜力市场，① 消费呈现持续升级的态势，规模巨大的国内市场正在爆发勃勃生机。全球疫情肆虐之下，我国率先实现对疫情的有效管控，投资、出口、消费保持了稳定增长态势，为我国外贸企业提供了广阔的市场空间。我国区域之间发展仍不平衡，城乡差距依然较大，乡村振兴、共同富裕、城镇化将带来巨大的市场消费空间。因此，未来内、外贸易相融合，以国内大市场为依托，以国内国际融合为目标，不断吸引全球商品和资源要素为企业创新服务，打造内外双循环新格局是百年未有之变局之下的重要战略选择。

中国也具备推行双循环的基础和条件，构建国内循环为主、国内国际互促双循环新格局是切实可行的。首先，中国共产党的领导为挖掘国内消费市场潜力提供了根本保证。我国制度优势显著，经济长期向好，超大规模市场优势日益显现，产业体系完备，人力资源丰富，自主创新步伐加快，满足人民对美好生活的需要具有多方面优势和条件。其次，国内社会主要矛盾变化带来新特征新要求，部分消费领域面临的不平衡、不充分问题仍然突出。高质量商品和服务供给仍然不足，消费需求新增长点需深入挖掘，商贸流通现代化水平有待提高。最后，与业态、模式、应用场景创新相适应的政策和监管体系需加快健全，商务领域绿色低碳转型仍有较大空间。因此，我国应从以下方面激活国内大市场消费潜力，赋能分销体系重构及内外贸双循环的形成。

一是以供给侧结构性改革为核心，深入实施内需功能提升战略。健全现代流通体系，优化分销网络、壮大分销主体、创新分销方式，推进数字化、智能化改造和跨界融合，促进分销在上下游、产供销中的有效衔接，强化分销对产业的支撑作用。构建以大分销为核心的流通体系，增强消费对经济发

---

① 习近平主席在第三届中国国际进口博览会开幕式上的主旨演讲 [R]. 人民网，2020 – 11 – 04.

展的基础性作用和流通环节对优化供给结构的关键性作用，改善供给质量，大力推进批发零售各环节融合发展，积极利用数字技术和数字化流通渠道，挖掘分销环节对零售环节的推动作用，以及对加工环节的引领作用，扩大优质商品和服务供给，满足更多元消费群体的个性化、差异化、品质化消费需求，以高质量供给引领和创造新需求。要充分挖掘我国完备的制造业体系的优势，不断延伸加强分销体系与创新体系的联动，使分销环节成为创新价值链中不可或缺的一环，充分发挥分销体系在产业供应链的先入优势，构建以大分销、大流通和大生态为核心的现代化分销体系。

二是以共同富裕为抓手，深入推进城乡消费一体战略。着力破解国内城乡发展的不均衡，尤其是在产业大分销领域的不平衡现象，要尽快打通城乡分销渠道之间的阻断瓶颈，为县域乡镇提供更多优质商品和服务。要加强县域商业体系建设，推动农村消费提质扩容，以渠道下沉和农产品上行为主线，推动资源要素向农村市场倾斜，完善农产品现代流通体系，畅通工业品下乡和农产品进城双向流通渠道，推动县域商业高质量发展，实现农民增收与消费提质的良性循环。重点以农产品主产区、重要集散地和主销区为基础，推进以专业市场和田头市场为核心的产地市场建设，形成与农业生产布局相适应的产地大分销体系。优化产地初加工、批发和零售等环节，完善跨区域产销链条，提升流通节点的功能和互联互通。认定一批国家级农产品产地专业市场，提升价格形成、信息服务、物流集散、品牌培育、科技交流、会展贸易等主要功能。强化产销对接长效机制，引导农产品流通企业与新型农业经营主体通过订单农业、产销一体、股权合作等模式实现精准对接。

三是完善商贸流通监管体系，提高大分销环节的信用体系建设。积极推动国家分销领域的标准修制工作，推动国家、各行业、团体、企业等标准体系的衔接配套，争取将更多分销企业、分销环节、分销商品纳入国家级商贸流通专项标准试点，推动各地、行业、各类分销主体在标准制定、实施、应用方面开拓创新。健全大分销环节的信用体系建设，加强分销信用信息采集、分析、监测，探索建立跨区域、跨部门、跨行业的产业分销信用信息共享机制，全面落实和执行国家相关领域"双随机、一公开"监管和"互联网+监管"要求，建立以现场监管为补充、以智能监管为基础的新型信用监管机制。根据产业链路、流通链路、价值链路建立信用信息采集目录，在办理注册登记、资质审核、日常监管、公共服务等过程中，及时、准确、全面记录市场主体信用行为，特别是将失信记录建档留痕，做到可查可核可溯。加快构建跨地区、跨行业、跨领域的失信联合惩戒机制，从根本上解决分销过程与终端市场不挂钩、失信主体难处罚、失信空间易转变的问题，依法依规建立联合惩戒措施清单，动态更新并向社会公开，形成行政性、市场性和行业性等惩戒措施多管齐下，社会力量广泛参与的失信联合惩戒格局，为激发内需消费市场提供最全面的信用保障。

四是完善内外贸一体化调控体系，培育内外贸一体化平台。促进内外贸法律法规、监管体制、经营资质、质量标准、检验检疫、认证认可等相互衔接。进一步健全内外贸一体化的政策体系。积极推动国内国际标准转化，提升国内国际标准一致性，推动国内标准走出去。完善强制性产品认证制度，推动国内国际质量认证结果互认，鼓励第三方认证机构国际化发展。推动外贸企业多渠道拓展内销市场，引导更多国内采购商积极采购出口转内销优质产品。培育一批运营模式与国际接轨的国内商品交易市场。引导外贸企业与物流企业加强业务协同和资源整合，共建共享物流中心等物流基础设施网络，支持国内物流企业发展国际业务。建立健全内外贸企业交流合作机制。支持内外贸企业发展同线同标同质产品，扩大适用范围至一般消费品、工业品等领域，强化"三同"公共服务。推进商产融合，推动商贸流通业与一、二产业跨界融合，实现"以销定产"，促进内外贸产业链、供应链融合发展。鼓励内外贸资源整合，推动行业组织、企业联合体与国际采购联盟加强对接。

五是构建现代商贸物流体系，推动商贸物流高质量发展。依托区位、产业、交通优势，强力推进国家物流枢纽和物流产业集群建设，形成"通道＋枢纽＋节点"现代商贸物流体系。大力建设全国区域性商贸物流中心节点，增强节点城市商贸物流服务的渗透力与辐射力，完善城乡多级配送网络。加大"互联网＋第四方物流"供销集配、农村"快邮合作""交邮合作"推进力度，创新城乡配送组织方式，推行快消品统仓共配、电商快递城乡往返配送、农产品集采共配等集约高效的配送模式，发展农村日用品、农产品和生产资料的公共配送服务，在农产品主产区乡镇着力建设具有农产品集聚、产地预冷、加工配送等功能的公共冷链设施。深入落实碳达峰、碳中和重大战略决策，坚定不移推进物流领域走生态优先、绿色低碳发展道路，加强分销、零售领域塑料污染治理，支持绿色配送、绿色仓储和快递包装绿色转型。

（三）以双向贯通为抓手，大力发展智慧流通，构建数字经济时代分销新生态

"十四五"时期经济社会发展，要以推动高质量发展为主题，以深化供给侧结构性改革为主线，以改革创新为根本动力，立足新发展阶段、贯彻新发展理念、构建新发展格局。其中加快构建新发展格局，关键在于实现经济循环流转和产业关联畅通。根本要求是提升供给体系的创新力和关联性，解决各类"卡脖子"问题。而做到这一点，必须以科技为基础，以数字化、智慧化的手段贯通生产与流通之间的数据天花板，推动流通体系升级。

当前，从数字化应用到数字化治理，再到数字化创新已经成为全社会的共识，数字技术已经渗透到设计、生产、流通、消费的全产业链过程中，并成为产业创新和流通新格局形成的核心动力。一方面，人工智能、机器人、5G技术在产业领域的广泛应用，对产品的创新能力和生产效率、成本控制等方面带来革命性发展，更新、更好、更优质的产业商品不断打开新的产业空间。另一方面，大数字、云计算、物联网、AR/VR等数字技术在流通领域迅速普及，给流通模式创新、流通体系重塑、流通渠道再造等方面带来全局性变化，通过更高效、更完备、更贴心的消费体验更好地满足了人民对美好生活的需要。

因此，着力推动形成产业数字化与流通数字化双向贯通的发展新格局，已经成为国家富强、人民富足、社会治理的战略性选择。其中，数字化对产业和流通的发展有着重要的作用。一方面，数字化促进了生产效率的提升、供应链的优化和业务流程的自动化，使企业能够精细化管理和决策，从而更好地适应市场需求并快速响应变化。另一方面，数字化改变了消费者的购物

方式，促进了电子商务的兴起和发展，打破了地域限制，扩大了市场范围。数字化还促进了供应链的协同和透明化，减少了物流成本和交易环节，提高了流通的效率和可靠性。

一是深入推进产业数字化战略，实现产业数字化带动流通数字化发展。流通发展必须适应和服务于产业发展的阶段性要求。习近平总书记 2020 年在浙江考察时指出，要抓住产业数字化、数字产业化赋予的机遇，大力推进科技创新，着力壮大新增长点、形成发展新动能。要加快改变我国产业领域在全球产业链"微笑曲线"中的低端地位，着力突破数字科技、网络技术、高精尖设备等领域的基础性研究和制造水平，加大对新技术、新产品的原创性扶持，进一步提高产品在国际市场中的竞争力。支持生产企业开展产品研发等全价值链数字化转型，鼓励贸易企业与生产企业共同研发数字化管理体系，建设智能、便捷、高效的产品分销过程管控，引导生产企业提升信息化、智能化产供销水平。支持数字化服务商为生产企业提供优质数字化转型服务，以实现产业数字化带动流通数字化发展。

二是加快流通数字化创新，以流通模式拉动产业数字化发展。流通数字化发展为产业升级打开全新市场空间。深入挖掘数字化技术对流通过程的重塑价值，持续通过数字技术优化产业结构、缩短产业链路、降低产业成本，尤其是涉及产业 B2B 领域的生产资料、大宗商品，以及流通链路较长、流通成本较高的高端服务业、农副产品等领域，要着力加强数字化水平的创新应用，大力培育产业型数字化平台企业，支持平台市场化发展，构建产业公共信息共享机制，构建平台信誉维护体系，保证平台信息公开、透明、公正。加强政府与各商业平台信息之间的对接、数据互通，改善平台使用体验，强化服务企业的功能。

三是激活消费数字化潜力，促进数字消费新业态。消费数字化是流通数字化的终端表现形态，是构建流通新格局的重要途径，对流通数字化发展起着明显的促进作用。要大力推进国家电子商务示范基地建设，不断完善和提升电子商务基地创新公共服务水平，孵化培育更多电商创新创业企业，积极组织开展电子商务专业人才创业创新实训，鼓励电商平台及企业通过开辟专区等方式，积极开展跨境电商等业务形式，协同发展国内国际业务。积极鼓励数字化企业在娱乐、文化、教育等方面创造多元化数字消费产品，满足人民日益增长的对美好生活的需要，重点关注衣、食、住、行等民生消费领域的创新应用，加强平台企业垄断经营、关联经营的治理力度，尤其是涉及国家安全、金融安全、民生保障、社会稳定的领域，要及时出台政策法律，严防数字消费成为法外之地。

四是加快数字技术新应用，深入推进智慧分销网络建设。加快数字技术与生产、物流、分销、消费、服务各环节的深度融合，提升数字技术在全产业链中的服务水平，拓展新的服务空间，加快产业全链条数字化赋能，推进智慧分销网络建设。引导重点商贸企业和物流企业进行数字化转型。持续推动大型仓储、运输、配送等物流环节的智能化改造，支持流通企业和电商企业大力开展"网络分销＋仓储"建设，大力发展智能化末端分销体系。加快 5G、VR/AR、大数字、云计算、AI 算法等应用创新，推动数字化、网络化、智能化分销体系发展，探索培育一批智慧化分销服务平台，推动"云分销、云采购"模式，支持分销企业与电商、直播、跨境电商、社群电商等新渠道合作，积极探索线上分销、线下服务的智慧商业（市场、商圈、街区、菜场、商店），以及在线餐饮、无接触配送等新模式。

五是加快智慧管理体系建设，以数字化转型推动治理效能提升。打造数字商务新优势，充分发挥数据要素作用，积极发展新业态新模式，促进 5G、大数据、人工智能、物联网、区块链等先进技术与分销体系深度融合，推动流通领域产业数字化和数字产业化，提升分销行业数字化水平。营造良好数字监管生态，构建与数字商务发展相适应的政策和监管体系，促进平台经济、共享经济等健康发展，深化数字商务领域国际交流合作，提高数字治理能力，稳步推进"互联网＋政务服务"，推动政务信息化建设，加强公共数据共享，提升商务治理数字化智能化水平。探索运用大数据分析，加快构建数字技术辅助商务决策机制。

（四）以智慧分销为方向，建立产业协同新生态

先进制造业和现代服务业融合是顺应新一轮科技革命和产业变革，增强制造业核心竞争力、培育现代产业体系、实现高质量发展的重要途径。近年来，我国两业融合步伐不断加快，但也面临发展不平衡、协同性不强、深度不够和政策环境、体制机制存在制约等问题。

随着区块链、标识解析、智能传感、5G等技术融合应用，采购、生产、仓储、物流、交付等供应链各节点之间的交互愈加紧密，资源配置和业务协作逐渐突破了部门和企业边界，实现了供应链全链条的数据可流转、资源可优化、业务可集成、流向可管控、产品可追溯。尤其随着工业互联网平台的普及应用，供应链上下游企业基于平台实现了业务系统对接集成和数据编码统一，以数据链打通生产链、物流链和资金链，充分利用平台汇聚的设备、资金、人才、知识等制造资源，开展协同采购、协同制造、协同物流，加速产业链云端协同一体化运作，革命性提升了供应链整体运行效率，增强了产业链供应链的敏捷性。

一方面，我国数字经济和数字应用快速发展，展现出强大的发展活力和巨大发展潜力，大数据、云计算、人工智能等领域取得重大突破，产业智慧化与消费智慧化齐头并进。当前，在国内终端消费领域移动互联、虚拟现实、大数据推送、精准定位等智慧化应用已经较为普遍，但大分销环节却明显落后于发展要求。另一方面，我国国内消费增速趋缓，固定资产投资增速也呈回落状态。市场投资收益总体上趋于下降，市场投资增速难以出现新动力；净出口因全球经济衰退和贸易环境、贸易条件恶化，面临越来越大的不确定性，总体呈下降趋势，出口恐难有大的增长作为，消费已经义不容辞地成为稳定国内经济的压舱石。同时，国内产业升级的速度正在加快，"十四五"供给侧结构性改革的核心内涵正在转变为全方位高质量创新，从不同产业门类来看，传统制造业普遍存在产能过剩问题，过去五年实现两位数以上年均增速的只有医药制造业、汽车制造业、计算机和通信类电子产品制造业、废弃资源综合利用和金属制品、机械和设备修理业，低端产品供给与高端需求之间的不平衡矛盾日益突出，供给与需求之间难以从创新设计之初就形成直接对话，从而形成了传统产业的"路径依赖"，因此，要抢抓智能化发展新机遇，加快数字化发展，打造数字经济新优势，构建以市场为源头，以分销为手段，以订制工业为目标的智慧分销体系成为当前要务。习近平总书记高度重视数字经济发展，强调要促进数字技术与实体经济的深度融合，赋能传统产业转型升级。因此，以科技创新作为大分销渠道重构的重大战略，充分发挥我国超大规模市场优势，增强分销渠道的价值黏性，稳定产业链布局，为新产品新技术新业态迭代提供足够的渠道应用，推动互联网经济背景下大分销渠道的重构与升级。

一是贯彻落实网络强国数字中国指示精神。大力推动重点企业加快数字化转型，力争在关键核心技术攻关、工业互联网平台建设、数字化应用场景打造等方面取得重要进展和积极成效。要积极推动产业互联网与消费互联网深度融合发展，进一步加强协同，引导推动生产制造企业着眼立足市场，服务国家，满足人民消费，加快打造原创技术"策源地"和现代产业链"链长"，以高水平自立自强更好地服务构建新发展格局；聚焦国家长远需求，加强5G、人工智能、大数据中心等新型基础设施建设，打通信息"大动脉"；立足国家重大战略，加快传统产业全方位、全链条改造升级，带动引领产业结构优化调整，积极推动高质量发展。

二是深化制造业、服务业和互联网深度融合。大力发展"互联网＋"，激发发展活力和潜力，营造融合发展新生态。突破工业机理建模、数字孪生、信息物理系统等关键技术。深入实施工业互联网创新发展战略，加快构建标识解析、安全保障体系，发展面向重点行业和区域的工业互联网平台。推动重点行业数字化转型，推广一批行业系统解决方案，推动企业内外网升级改造。加快人工智能、5G等新一代信息技术在制造、服务企业的创新应用，逐步实现深度优化和智能决策。鼓励物流、快递企业融入制造业采购、生产、仓储、分销、配送等环节，持续推进降本增效。优化节点布局，完善配套设施，加强物流资源配置共享。鼓励物流外包，发展零库存管理、生产线边物流等新型业务。推进智能化改造和上下游标准衔接，推广标准化装载单元，发展单元化物流。鼓励物流企业和制造企业协同"走出去"，并提供安全可靠服务。

三是推进制造业与现代服务业深度融合。大力发展智能化解决方案服务，深化新一代信息技术、人工智能等应用，实现数据跨系统采集、传输、分析、应用，优化生产流程，提高效率和质量。加快全国性工业互联网大数据中心建设，以网络基础设施、发展应用平台体系、提升安全保障能力为支撑，推动制造业全要素、全产业链连接，完善协同应用生态，建设数字化、网络化、智能化制造和服务体系。推广分销渠道柔性定制，通过在线设计、预订式生产等方式，增强定制分销能力，加强模块标准化、营销精准化、服务模块化，实现以分销为中心的"以销定产"机制。引导互联网平台企业创新开发分销服务系统、订单集散中心、信用保障方式，提升信息、物料、资金、产品等配置流通效率，推动设计、采购、制造、销售、消费信息交互和流程再造，形成高效协同、弹性安全、绿色可持续的智慧供应链网络。

四是加速引领供应链向供应网络转型升级。要加快互联网、大数据、人工智能、区块链等新一代信息技术的基础性研究与创新应用，保持我国在新一轮科技革命中占领最前沿、最先进、最创新的姿态，并持续推动新技术、新模式向实体经济融合渗透，引发了产业链供应链系统性、革命性、群体性的变革。伴随着新一代信息技术的融合应用，产业链供应链结构逐步由"链状"向"网状"加速演进，众多伙伴企业以客户为中心、以需求为驱动，以"网状"结构全面互联，实现信息流、物流、资金流、业务流高效协同，不仅提升了供应链整体效率，而且增强了产业链、供应链的敏捷性、稳健性和风险应对能力。

五是努力打造与工业互联网平台深度融合的智慧分销平台。以智慧化分销体系实现对工业互联网的"稳链、补链、控链、强链"，加快打造重点领域"云上分销链"，推动产业链上下游端到端全面上云和云端分销平台的协同运作，提升产品流通环节的柔性和韧性。要加快提升智慧分销大数据应用能力，加快构建关键产业领域的智慧化生产决策模型，引导产业协同创新，鼓励产业链上下游企业依托大分销平台协同开展资源整合、联合攻关和市场应用，以集成创新为牵引实现关键核心技术系统性突破。同时，要重点围绕"卡脖子"的产业安全做强分销管控，建立分销体系风险分类分级管理体系，面向战略型产业全面感知影响分销体系安全的内外部因素，对潜在风险进行识别、分析、评估和处置；支持建设分销体系风险管理平台，依托平台开展重点行业分销体系风险实时感知和动态监测，周期性开展供应链风险仿真与应急演练，完善市场风险管控机制、构建风险管理平台，增强分销链风险预警和应急处置能力。

（五）以市场安全为根本，加强民生消费新保障，构建安全稳定的分销新生态

自改革开放以来，我国市场经济取得显著成就，商品供给和流通体系不断完善，民生保障能力持续增强，告别了过去多年来消费商品短缺的局面，商品供需总体保持平衡，市场安全总体可控。大力保障和改善民生，着力解决关系人民群众切身利益的生活、生产和生命安全问题，保障人民群众的经济、政治、文化、社会和生态权益，使人民过上美好幸福的生活，是党和政府一切工作的根本出发点和落脚点。党的十八大以来，以习近平同志为核心的党中央持续加大基本民生保障力度，加强低保、特困、临时救助等工作，有效保障了困难群众基本生活。全国每年约 5000 万困难群体纳入低保或特困供养范围，实施临时救助 1000 万左右人次。①"十四五"时期是我国全面建成小康社会、实现第一个百年奋斗目标之后，乘势而上开启全面建设社会主义现代化国家新征程的第一个五年，做好基本民生保障意义重大而深远。

大分销意味着大流通，大流通意味着大数据。随着智慧城市的建设发展与两化融合的不断深入，以经济和民生需求为导向的数据开放共享需求日益强烈。交通、旅游等机构为优化服务对人群分布和流动数据提出诉求；商业客户为产品定制和精准营销，需要用户行为特征数据进行决策支撑。目前数据资源开放共享缺乏统筹有力的管理和安全保障，国家数据资源的开放共享与安全保护已成为长期存在的矛盾和难题，到底是"精准营销的智能算法"，还是"大数据杀熟的安全漏洞"已经成为广为关注的大事。另外，流通领域的数据交易地下产业链活动猖獗，在利益驱动下，针对用户信息的非法收集、窃取、贩卖和利用行为日渐泛滥，国内倒卖用户信息的地下产业链总规模已超过百亿元。为防范和治理黑客地下产业链，2014 年工信部开展了专项行动并取得一定成效，但同时也面临技术手段多样、涉及环节多、隐蔽性强等执法挑战，长期治理任重道远。再者，数据跨境流动成为关注热

---

① 李纪恒. 扎实做好基本民生保障　不断满足困难群众美好生活需要［N］. 中国政府网，2021 – 02 – 08，http：//www.gov.cn.

点，监管机制同样面临挑战，互联网和移动数据在全球范围内的自由流动成为经济增长、就业创造和社会福利的重要推动力，也日益成为信息主权、知识产权、公民隐私权的重要威胁。由于数据跨境流动可能导致国家关键数据资源流失，各国都高度重视数据跨境流动监管这一国际性难题，但目前仍缺乏指导数据跨境流动监管的统一规范和国际规则。

大数据安全是国家经济安全的重要组成部分，是流通新格局形成的底线要求。这里的大数据安全仅仅是指由国内供给和流通渠道贡献的，在市场贸易环境下生成的，包括生产、加工、物流、仓储、金融、信用等在内的数据安全，这些数据的安全是保证国民经济和社会全面、稳定、协调和可持续发展的基石。

当前云计算、大数据、物联网、5G 以及人工智能等技术不断更迭，流通数字化升级如火如荼，市场领域是数字化渗透最为深入和彻底的部门。在流通数字化转型大趋势下，大数据应用日益广泛，可挖掘的攻击路径和价值隐私显著增多。数字化技术对流通体系确实起到了赋能和引领的作用，切实提高了流通效率，降低了流通成本。然而，随着新一代流通体系与工业领域的深度融合应用，以流通体系为核心的"产业上云""上平台"不断加快，国内消费市场的大数据风险显著扩大，通过市场渗透至产业网络与重要工业流程的攻击路径明显增多，信息安全威胁愈演愈烈。随着工业互联网的快速发展，数字化应用过程中的数据安全形势也十分严峻，围绕分销体系数字化转型这个大趋势，以及消费数据可挖掘价值高这一特殊属性，加快实施市场安全保障是未来一段时间的重大战略任务。

一是全面加强党对流通体系安全工作的领导，加快政策引领。必须坚持以政治建设为统领，充分发挥社会主义市场经济特色的制度优越性，切实把党的领导落实到基本民生保障工作的各领域、各方面、各环节，在职能配置上更加科学合理、在体制机制上更加完备完善、在运行管理上更加高效，为保基本兜底线、织密扎牢民生保障"安全网"提供坚强政治保证。要加强基本民生保障领域干部队伍建设，贯彻落实新时代党的组织路线，要深入贯彻落实工业和信息化部等部委下发的《加强工业互联网安全工作的指导意见》，落实好 2025 年基本构建工业互联网安全保障体系的要求，加快健全安全保障体系，建立"流通分级安全制度""流通安全监测体系""分销体系应急工作机制"及"流通大数据安全"等战略举措。

二是发挥好市场和政府两只手作用，优化流通保障结构。做好网点总量、网点结构、网点强度等方面的统筹工作，实现日常与应急保供应体系，降低和缓和因重大临时性风险带来的市场动荡，推动区域流通空间优化，大区域协同发展和小区域综合发展并重。要高度注重区域协同，瞄准全局性的大分销体系优化、挖掘市场服务潜力、提高总体资源利用效率。落实党中央提出的京津冀协同发展、长江经济带发展、粤港澳大湾区建设、长三角一体化发展、黄河流域生态保护和高质量发展等的区域发展战略，在大分销领域加快形成全国统一开放、竞争有序的大分销市场新格局。

三是要高度关注供应链的链路完整性和安全性，强化应急保障功能。伴随着全球工业化的不断发展，传统的基于制造业成本和效益的国际产业合作体系已经出现了松散化的趋势，发展中国家与发达国家之间的比较优势也在发生急剧变化，能否具备相对完整、独立、安全的供应链已经成为大国博弈的关键。要始终掌握流通安全的主动权，控制住市场安全的源头，加快实施"藏粮于地、藏粮于技"的战略。中国在疫情中的防控和物资保障的得力表现，充分显示了中国制度和中国制造的巨大优势，也使越来越多的国家认识到，贸易安全、供应链安全、市场体系安全已经成为当前和未来一段时间面临的重大挑战。因此，要加大市场基础设施投入，完善国内消费结构，优化渠道网点布局，构建应急保障体系，切实提高国家贸易安全性。要不断完善"产供储销运"体系，着力增强大分销对产业链供应链的托底保障，全面构建清洁低碳、安全高效的大物流体系，持续强化国家应急保障能力。

四是持续推进乡村流通体系升级和共同富裕建设，更好地满足人民需求。党的十九届五中全会强调"扎实推动共同富裕"，在描绘2035年基本实现社会主义现代化远景目标时，明确提出"全体人民共同富裕取得更为明显的实质性进展"。因此，必须坚守土地红线，扎实推进种苗培育繁殖等领域的自主创新，从根本上解决这些种子资源"卡脖子"的问题，同时加大对粮食增产、营养以及适应气候变化等挑战的应对能力，研究大数据、人工智能、无人设施等现代化手段在农业保障等领域的综合性应用。通过基本民生保障领域改革创新，破除制约高质量发展、共同富裕、乡村振兴的体制性障碍和机制性梗阻问题。坚持乡村振兴先行、共同富裕引路，以点带面、整体推进，更好地满足人民对美好生活的需求。

（六）加强市场监管，规范分销渠道行为，构建公平、和谐、高效的分销新生态

一是充分发挥商务部门的综合协调作用，重视发挥行业协会的沟通、协调，以及监督作用，建立行业动态监管机制，进一步规范商贸流通企业的经营行为，优化营商环境。二是完善相关管理制度和标准规范，我国2010～2019年出台的部分商贸流通业管理制度和标准规范如表6-1所示。三是借鉴美日等国的经验，完善我国流通产业政策，促进我国商贸流通业更快更好发展，如，借鉴日本的做法，我国可进一步完善流通产业组织政策，规范商贸流通企业的竞争环境与企业行为，完善公平竞争政策，进一步加大商贸流通领域信息化建设力度等（包振山等，2019）。

表6-1　　　2010～2019 年我国商贸流通业部分管理制度和标准规范

文件名称	发布单位	发布时间（年）
《关于促进网络购物健康发展的指导意见》	中华人民共和国商务部	2010
《关于完善生产资料流通体系的意见》	中华人民共和国商务部	2010
《国内贸易发展"十二五"规划》	国务院办公厅	2012
《关于促进仓储业转型升级的指导意见》	中华人民共和国商务部流通业发展司	2012
《零售企业服务管理规范》	中华人民共和国商务部	2013
《零售企业信用等级评价规范》	中华人民共和国商务部	2013
《流通企业食品安全预警体系》	中华人民共和国商务部	2013
《商品经营企业服务质量评价体系》	中华人民共和国商务部	2013
《商业服务业企业社会责任评价准则》	中华人民共和国商务部	2013
《仓储作业规范》	中华人民共和国商务部	2013
《关于推动实体零售创新转型的意见》	国务院办公厅	2016

续表

文件名称	发布单位	发布时间（年）
《城乡高效配送专项行动计划（2017－2020年）》	中华人民共和国商务部、公安部、交通运输部，国家邮政局、中华全国供销合作总社	2017
《实体零售商诚信管理规范》	中国商业联合会	2017
《商贸物流园区建设与运营服务规范》	中华人民共和国商务部	2018
《关于推进商品交易市场发展平台经济的指导意见》	中华人民共和国商务部、科学技术部、工业和信息化部、财政部、自然资源部、住房和城乡建设部，中国人民银行，中华人民共和国海关总署，国家税务总局，国家市场监督管理总局，中国银行保险监督管理委员会，中国证券监督管理委员会	2019
《绿色商场创建实施工作方案（2020－2022年度）》	商务部办公厅、发展改革委办公厅	2019

（七）加快和完善市场政策供给，完善发展环境，助力分销新生态发展

改革开放 40 多年的经验表明，政府的政策供给可以有效增强市场活力、刺激企业发展，更可以保障经济稳定，避免市场失灵。当前，我国市场经济改革已经进入深水区，政策供给的力度、难度、效度需要综合考量。在这种情况下，必须要在政策供给上加大强度、力度、深度，通过政策的创新引领，实现分销体系重构和流通新格局形成的战略目标。一是加快可以引领与市场高质量发展相适应的政策供给；二是修正和完善与市场需要不适合的政策存量；三是提高现有政策执行的监督与考评。要进一步完善政府政策在经济调节、市场监管、社会管理、公共服务、生态环境保护等方面的职能，提升宏观调控的准度、精度、效度，进一步提高流通领域的政策供给能力。

首先，要不断完善国家重大流通发展战略和中长期商贸体系建设布局规划。科学稳健把握政策对市场的周期性调节力度，更好发挥政策对市场、产业、物流、仓储、分销的结构性优化作用。要完善促进消费的政策供给，增

强政策的精准性，强化对消费政策效果的监测能力，充分利用大数据、人工智能等新技术，建立政策有机更新机制。强化过程管理，健全政策评估机制。要设计科学、切实有效的政策评估机制，积极构建内部评估、社会评估、第三方评估联动的立体评估机制，尤其着重加强第三方评估力量，坚持独立评估，秉持对历史负责的态度，以此增强各项政策的有效实施，及时修正执行过程中出现的问题。同时，做好市场研究和政策储备，及时发现并掌握趋势性、方向性问题，及时根据问题调整政策，提升政策的系统性、协调性和延续性。

其次，流通新格局的形成和建设，必须毫不动摇巩固和发展公有制经济在产业供应链、产业分销链、民生保障链中的压舱石作用，同时积极鼓励、支持、引导非公有制主体在创新应用、市场辅助、富民强国中的发展，坚持有进有退、有所为有所不为，推动国有企业在流通基础设施、民生保障、大分销关键环节投入更多资金、资源、科技支撑，增强国有企业在市场经济中影响力、抗风险力，做强做大国有商贸流通企业。积极探索在农林牧渔及矿产、森林、海洋等产业实施多种经营方式融合发展，尤其对大宗商品、区域物流、供应链金融等方面要充分调动国有企业的资源优势和规模优势，通过资本化、证券化等方式提高流通产业组织化水平。支持民营企业参与商贸流通的关键环节创新，充分发挥民营企业的创新力和创造力，培育更多充满活力的市场主体，营造支持非公有制经济高质量发展的制度环境，不断优化市场就业环境。健全支持民营经济、外商投资企业发展的市场、政策、法治和社会环境，进一步激发活力和创造力。在关键性流通渠道建设、要素获取、准入许可、经营运行、政府采购和招投标等方面对各类所有制企业平等对待，破除制约市场竞争的各类障碍和隐性壁垒，营造各种所有制主体依法平等使用资源要素、公开公平公正参与竞争、同等受到法律保护的市场环境。要依法平等保护产权，为企业家捕捉新需求、发展新技术、研发新产品、创造新模式提供良好环境，构建亲清政商关系的政策体系，建立规范化机制化政企沟通渠道。

再次，统筹城乡供应链协同发展。当前和今后的一段时期，我国市场运行面临的主要矛盾仍然是供应链的稳健与创新，供应链的结构优化能否适应市场需求结构变化，尤其是城乡之间在区域、产品、服务、品种和质量上能否实现协同发展，是未来一段时期我国市场的最关键挑战。要坚持深化供给侧结构性改革，提高供给体系对国内需求的满足能力，以创新驱动、高质量供给引领和创造新需求。在坚持以供给侧结构性改革为主线的过程中，要高度重视需求侧管理，坚持扩大内需这个战略基点，始终把实施扩大内需战略同深化供给侧结构性改革有机结合起来。要坚定不移推进制造强国、质量强国、网络强国、数字中国，优先改造传统产业，发展战略性新兴产业，加快发展现代服务业。微观市场主体活力在优化供给体系中处于核心地位。推动新型城镇化和城乡区域协调发展。我国正处于城镇化快速发展时期，这个过程既会创造巨大的需求，也会提升有效供给，要全面促进消费，提升传统消费，培育新型消费，发展服务消费。要发挥中心城市和城市群带动作用，实施区域重大战略，建设现代化都市圈，形成一批新的增长极。要在实施乡村振兴战略的同时，全面推进供应链城乡一体化发展，推动城乡要素平等交换、双向流动，增强农业农村发展活力，推动城市化地区、农产品主产区、生态功能区三大空间格局发挥各自比较优势，提供优势产品。要健全区域战略统筹、市场一体化发展等机制，优化区域分工，深化区域合作，更好地促进发达地区和欠发达地区、东中西部和东北地区的共同发展。要坚持共同富裕，改善收入分配格局，扩大中等收入群体，努力使居民收入增长快于经济增长。

最后，要夯实分销新生态发展的科技人才双赋能根基。加快科技自立自强是畅通国内大循环、塑造我国在国际大循环中主动地位的关键。技术变迁能够为市场交易活动提供更低的交易费用和更好的交易环境，进而诱发交易方式变革和流通现代化。关键核心技术突破必须要依托足够的市场应用规模和应用场景才能更好地为国家和社会创造价值，内外循环要相互促进，科技创新是重要连接点。当前，数字科技日新月异，人机交互模式和信息环境将可能产生颠覆性变革，电子商务已经从网页展示、交易演进到2.0、3.0甚至4.0的虚拟现实、元宇宙时代，AI、区块链、量子计算等通用技术领域的创新正在快速渗透到市场应用场景。要重点围绕区块链在供应链体系中的深度应用，数字金融对传统结算体系的革命，以及自动驾驶、远程医疗、智慧看护、数字文娱等在消费终端的创新进行跟踪研究，要在政策上、资金上、人才培养上打好提前量，争取引领时代的发展。应该说市场化程度较高的流通领域，分销渠道、零售终端拥有最广泛的科技应用空间和最强大的科技纠错能力。要充分挖掘互联网所带来的商品和服务性商品的创新能力，不断推进在数字智能空间中的流通产业化应用，打造更高度拟人化的数字虚拟世界，创造全新的人机交互方式；加快推进5G技术在医疗、健康、文旅、休闲、电子竞技上的应用。要围绕数字产业链，深入研究产业数字化决策模型，在算力、算法等基础性研究上加大投入力度，加快建立对产业具有实际指导价值和意义的大数据决策支持系统，降低产业生产和流通的风险，尤其是在一些大宗商品、农林牧渔产品上，要着力破解供需两层皮的现象，加快形成全国统一的生产、流通、交易数字化平台，指导广大产业参与者科学决策、规范生产、高效流通。要进一步完善数字交易平台的治理，进一步提升交易的安全性和私密性，防止平台企业的渠道垄断。

第七章

小米互联网分销模式案例分析 *

作为一家后发式企业，小米科技有限责任公司（以下简称"小米"）成功利用独特的互联网模式，实现颠覆式创新，在激烈竞争的智能手机行业领域完成了"从 0 到 1"的跨越。此后，小米以生态链投资为主要方式开启新一轮的创业。在生态链逐步成型的过程中，小米以互联网为核心的分销模式也随之构建完善，形成了线上线下相结合，开放、利用多渠道（自营 + 第三方）的分销体系，如图 7 - 1 所示。基于对小米分销模式构建的回顾与分析，本章试图回答以下三个问题：第一，一家对标互联网消费群体的企业如何吸引消费者以及将产品、服务送至消费者；第二，这家企业是如何将分销网络规模不断做大，从而满足产品、服务规模扩张的需要；第三，如何将分销网络从线上模式发展成为线上线下一体的新零售模式。

一、分销模式构建历程回顾

小米成立于 2010 年 4 月，是一家以手机、智能硬件和 IoT 平台为核心的创新型互联网公司。作为全球最年轻的世界 500 强公司，历经 12 年的浮沉，小米已在中国商业史上留下浓墨重彩的一笔。随着产品线的不断扩张、用户规模的日益扩大，小米的分销网络也逐步完善。起初出于成本考量，小米采

---

* 本章案例由笔者根据网络公开资料整理而来。

用互联网销售模式，砍掉中间商、直达用户；而后基于对新零售风口的捕捉，推动线上线下互动融合，着手全渠道布局、进军海外市场，如图7-2所示。如今，小米构筑起的网络分销平台主导的分销生态圈，已经进入全球100多个国家和地区的市场，小米商业生态也在磨炼中不断得到成长和验证。

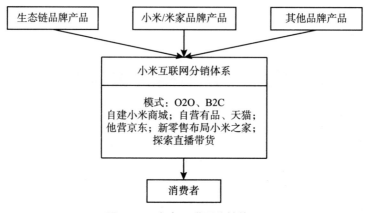

图7-1　小米互联网分销体系

资料来源：笔者自行整理。

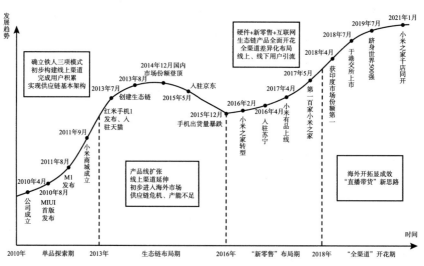

图7-2　小米分销模式构建路径

资料来源：笔者自行整理。

（一）单品探索期：2010～2012 年

创立初期，小米便将主营业务定位于智能手机领域。但雷军始终强调小米要成为一家创新驱动的互联网公司，而非单纯的硬件制造公司。基于此，小米提出了"硬件 + 软件 + 互联网"的"铁人三项"商业模式，如图 7 - 3 所示。

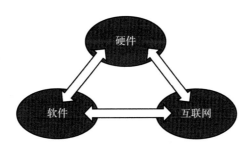

图 7 - 3　小米早期"铁人三项"模式

资料来源：首届世界互联网大会（浙江乌镇）雷军发言。

2010 年 8 月，小米发布了 MIUI 智能手机操作系统的首个内测版本，MIUI 系统追求简洁、美观、大方，改善了 Android 系统冗杂且繁琐的界面，为用户创造了绝无仅有的流畅体验；在系统的升级优化方面，小米则采用参与式消费，坚持从用户需求出发、真正地贴近用户，从论坛、微博等各平台倾听用户的使用建议、积极响应用户需求，根据用户的反馈，每周五发布迭代改进后的新版本，"和用户做朋友"的理念由此形成而后沿用至今。MIUI 系统发布第一个版本时，只有 100 个内测用户，到 2011 年竟然增长到了 50 万。① 在此期间，小米零广告成本，零流量交换，专注致力于提升用户的参与感和满足感，促使其自发进行口碑传播。

同年 12 月，小米发布了一款跨通信运营商的手机端免费即时通信工具——米聊，用户通过手机网络就能够和联系人进行信息沟通和收发图片。

---

① 吴越舟，赵桐. 小米进化论［M］. 北京：北京联合出版公司，2021：26 - 27.

在当时只能通过固话、手机进行语音和短信通信的年代，这对传统运营商的短信收入造成了巨大的冲击，吸引了一大批用户并得到了广泛好评。而MIUI操作系统和米聊社交软件的初步成功则为小米手机的发布积累了一大批种子用户。

清晰明确的市场定位对于小米手机日后的发展至关重要，也是企业能否在激烈的市场竞争中求得持续发展的关键。因此在初期阶段，小米便将目标用户群体定位于对手机的性能配置有一定要求的发烧友。为了满足手机发烧友的偏好、打造出优质低价的产品，创始人团队决定采取战略合作的方式，努力争取到了屏幕供应商夏普和芯片供应商高通的支持，并于2011年8月16日发布了第一代智能手机——小米M1，售价仅为1999元。为了回馈忠实用户，雷军还在发布会上宣布以1699元的价格销售600台工程样机，但只有在小米论坛、MIUI论坛、米聊论坛积分值达到100分以上的"米粉"们才能参与抢购。M1的发售标志着小米实现了由MIUI系统、米聊和智能手机三大核心体系构成的全新商业系统的构建，正式进军了智能手机市场。

由于线上渠道效率高、成本低的优势，小米刚问世便选择了线上发售，于每轮购买期限内，在小米网投放一定数量的手机。用户需提前在官网进行预约，获得购买资格后于发售日完成付款，凡客诚品负责小米手机的仓储与配送。MI1凭借其低价格、高配置的属性赢得了诸多关注，每轮开放预约都会在互联网上掀起一番抢购狂潮，甚至有许多黄牛组成团队，在线上抢购、线下溢价出售来谋利。虽然屡屡被指"饥饿营销"，遭人诟病，但这实属无奈之举。初期阶段的小米自身产能受限，无法提供足量的货源，因而出现了"每周只出一次货，每次只卖几分钟"的尴尬局面。很多用户抢购失败后纷纷在网络平台上发声，经过多层面的讨论和发酵，小米手机不断被炒热，于无形中引发了更多人的关注。

除了线上销售的渠道以外，小米还与国内两大运营商合作，于2012年4月先后推出了联通、电信合约机，并进驻多家社会渠道授权店。2011年12月，小米与联通达成了全年供货百万台的协议，并由联通的国代商爱施德为其提供线下的售后服务，小米更是当时唯一一家享受和iPhone同样补贴待遇的国产手机厂商。运营商强大的销售网点及完善的售后保障体系为小米互联网直销模式作了线下补充，其稳定的用户群也助益小米进一步扩大品牌影响力。

（二）生态链布局期：2013～2015年

2013年是小米手机业务蓬勃发展的一年。除了每年按照惯例发布的数字旗舰机（MI3）以外，小米还决定向中低端市场进军，面向三四线城市购买力相对较弱的群体，推出了子品牌红米，致力于打造体验感最好的千元手机。红米联合中国移动、QQ空间，于该年8月12日发布了首款TD双卡双待手机，该款手机搭载了MT6589T四核1.5GHz处理器、800万像素，虽采用一流供应商优质元器件，售价却仅为799元。超高性价比再加上小米的品牌优势加持，红米无疑是当时年轻人、学生的最佳选择。不同于以往的新品发布，红米手机选择在QQ空间独家首发开放预约，这是小米社会化营销的新尝试。由于红米手机面向的消费群体的新生代用户基因显著，具有较高的社交网络参与度和活跃度，与使用QQ空间的主力群体大为契合。本次QQ空间独家首发，拓宽了其用户入口与产品输出口，得到了用户的大力支持以及口碑的有效传播，最终产生了"1+1+1>3"的效果，为小米品牌势能继续沉淀积厚打开了新维度。

除了手机业务以外，小米还进入了电视、路由器、插线板等领域，通过打造小米盒子和小米电视来延展MIUI系统、延伸客厅产品线，而小米路由器则可以连接硬件和软件，起到桥梁的作用。但此时的小米没有足够的人员和精力，无法在短时间进入多个领域做多个品类；雷军也意识到智能硬件和物联网风口的到来指日可待。基于这个判断，小米组建了一支投资团队，到市场上去"扫描"优秀的创业团队，采用全新的"投资+孵化"的模式来投资生态链布局IoT（Internet of Things）。

该阶段小米已在国内智能手机行业站稳了脚跟，拥有了大量固定的活跃用户。因此，做生态链产品不仅能够最直接地享受到手机销售的红利，对冲单一智能手机业务的经营风险，还能提高用户消费的频次、获得利润分成并和手机业务实现相互引流。2016年3月29日，雷军在小米生态链春季沟通会上公布了相关发展数据：2013年8月，小米组建了一支生态链团队，随后两年多的时间里，小米投资了55家公司，其中7家收入过亿元，2家年收入超过10亿元，4家成为了"独角兽"。通过提前布局，小米抢占了智能硬件板块，保持了先锋优势。如图7-4所示，在慢慢的摸索过程当中，小米也确立了生态链投资的三大圈层，即以手机为中心，由内到外分为三层：第一层，手机周边，其产品与核心硬件产品配套性高；第二层，智能硬件，其产品为战略性潜在核心品类，涉及诸多新兴行业；第三层，生活耗材，其最大特点在于价格低但复购率高。

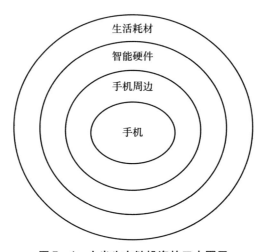

图7-4　小米生态链投资的三大圈层
资料来源：小米生态链战地笔记，笔者自行整理。

原先新品的预约、抢购均是在PC端小米网、客户端小米商城进行，而今由于产品线的扩张，小米更加注重品牌口碑的塑造，故多次在微博平台上组织相关话题活动，促进用户与用户之间、企业与用户之间的互动。例如小米电视、小米盒子等产品预约成功后都会跳出分享话题赢免单的按钮，简单的互动方式有助于聚焦用户的目光，扩大自身的顾客基数。在已有线上渠道的基础上，小米又于2012年11月底进驻天猫商城、开设官方旗舰店。与小米商城的性质类似，天猫旗舰店是由官方团队直接运营的。而在积极拓展线上渠道的同时，小米商城自身的发展也毫不逊色，早在2014年其线上营业额便达到了351亿元人民币，成为了仅次于天猫和京东的B2C电商。[①] 2015年5月，小米首次与自营式电商平台达成战略合作，京东的小米官方旗舰店于28日正式上线运营，不同于天猫店铺的是，本次合作是基于京东自营的运营模式，小米只负责提供全线的手机与配件产品以及智能硬件等产品。

除生态链产品全面开花以及渠道布局逐渐完善外，小米也在核心业务——智能手机方面取得了巨大的成功。2015年1月4日，雷军于新浪微博公布了小米手机2014全年的销量数据：小米手机全年出货量6112万部，同比增长227%；销售收入达到743亿元，同比增长135%。2015年小米手机销量超7000万台。[②] 这两年，小米手机销量均位居国内市场份额第一。而在软件领域，小米科技联合创始人洪锋在2015年的小米年会上宣布，小米MIUI系统的联网激活用户已达1.7亿，包括37种官方语言版本，遍布156个国家和地区。[③] 小米盒子、电视、路由器等也因其低价高质的特点在对应的智能硬件市场分得了一杯羹。

（三）"新零售"布局期：2016～2017年

2015年底，小米迎来了"寒冬期"，遭遇了前所未有的挑战：供应链事故频发、产能不足，与三星交恶导致无AMOLED屏可用，旗舰机小米5推迟发布，手机业务开始下滑……与此同时，随着全球移动通信行业迅速发展、智能手机普及率大大提高，外部竞争者也虎视眈眈。2015年起，OPPO与vivo在前期于三、四、五线城市及乡镇的线下推广凸显成效，手机销售量高速增长，2016年更是呈现了翻倍式增长的趋势。IDC中国季度手机跟踪报告显示：2016年国内出货量排名前五的手机厂商分别为OPPO、华为、vivo、苹果和小米；其中，小米的出货量的跌幅竟高达36%，如表7－1所示。

---

① 杨宗勇. 小米哲学. 雷军的商业生态运营逻辑 ［M］. 北京：中国友谊出版公司，2019：13.
② 资料来源于雷军2015年1月4日在个人新浪微博账号上发布的博文.
③ 小米公布MIUI用户数量：1.7亿米粉惊呆众友商 ［N］. Techweb网，2016－01－15，ht-tp：//app. techweb. com. cn/android/2016－01－15/2260875. shtml.

表 7 - 1　　　　　2016 年前五大智能手机厂商市场份额等数据对比

生产商	2016 年出货量（百万台）	2016 年市场份额（%）	2015 年出货量（百万台）	2015 年市场份额（%）	同比增长（%）
OPPO	78.4	16.8	35.3	8.2	122.2
华为	76.6	16.4	62.9	14.6	21.8
vivo	69.2	14.8	35.1	8.2	96.9
苹果	44.9	9.6	58.4	13.6	- 23.2
小米	41.5	8.9	64.9	15.1	- 36.0
其他	156.7	33.5	173.3	40.3	- 9.6
总计	467.3	100	429.9	100	8.7

资料来源：2016 年 IDC 中国季度手机跟踪报告 ［N/OL］. 搜狐新闻，2017 - 02 - 06，https：//www. sohu. com/a/125590445_354878.

而在更新换代如此迅速的手机行业，一旦销量出现急剧下滑，随时都会有出局的危险。在这般"内忧外患"的处境下，小米决定进行全渠道战略布局：一方面积极开拓线下渠道、加速推动小米之家的布局以及海外市场的开辟和渗透；另一方面为了拓宽营收来源，于 2016 年初发布了专门用于承载小米生态链产品的米家品牌，并成立了专门为小米生态链企业培训辅导而设立的机构——北京青禾谷仓科技有限公司（谷仓学院），加大生态链投资建设的力度，以期提高生态链企业孵化效率及成功率。

小米的线上零售部分包括小米商城、有品平台及第三方线上分销。小米商城是小米自己的电商网站，主要销售小米公司旗下小米、红米、米家品牌的所有产品，包括智能手机、互联网电视、智能硬件及小米生活周边等产品。2017 年 4 月，小米有品（原名：米家有品）上线，以"有品生活，更好选择"为品牌理念，致力于为用户提供高品质、高颜值、高性价比、有科技感的生活消费类产品；在线上分销方面，中国大陆的合作平台除了原先第三方的京东自营、品牌直营的天猫旗舰店，小米还于 2016 年 4 月 15 日正式入驻苏宁易购；在海外市场，尤其是印度市场，智能手机业务为主要的营收来源，借由弗利普卡特（Flipkart）、TVS 电子购物平台及亚马逊等第三方电商平台进行线上销售。

除了之前的运营商渠道之外，该阶段小米线下销售渠道建设的着重点放在新零售业态上，主要包括"小米之家"、小米专卖店、小米授权店。"小米之家"虽于2011年11月完成建设并对外开放，但其初始定位为售后服务和自提点，并不销售产品。而今由于全渠道战略布局的需要，2016年2月，"小米之家"由"服务店"转型为"零售店"，不再局限于销售手机、电脑、电视等电子产品，还囊括了小米生态链的诸多爆款产品，成为小米线下新零售探索的主阵地。

一方面，"小米之家"商品的增加在一定程度上拉动了顾客进店率，有助于开拓一批体验式消费、进店浏览的新用户；另一方面，原先于线上渠道销售智能硬件积累了大量忠实用户，借由"小米之家"这个中转站则更容易实现线下线上渠道的相互引流。2017年5月，小米正式开设第100家"小米之家"，这是小米新零售道路上一个新的里程碑。与此同时，国际市场的开拓也卓有成效，当年小米在印度市场的智能手机出货量排名第一，从商品成交额来看，其也是2017年印度第三大零售直销平台。

为了使线上、线下渠道更加紧密地联合，小米根据不同的渠道特点进行了差异化的SKU布局，目前全渠道形成的是"倒三角"的漏斗模型。如图7-5所示，最宽外延为小米有品，小米有品除了销售小米、米家及生态链品牌外，还引入了大量符合小米标准的第三方品牌产品，拥有大约20000个SKU。从有品中筛选出的卖得好的产品将进入小米体系，成为小米商城约2000个SKU的成员。而小米的线下店——小米之家吸收的是小米商城销量排名靠前的约200个SKU，即爆款。[1]

2017年，在阿里巴巴网商大会上，作为新零售理念的坚定支持者，雷军变更了创业初期提出的"铁人三项"理论，将其升级为"硬件＋新零售＋互联网"，如图7-6所示。基于全渠道的布局以及生态链产品的全面开花，小米一扫前一年的阴霾，实现了全线业务的大爆发。在核心业务方面，手机销量实现突破式增长，达到了9141万部，销售收入突破了800亿

---

① 吴劲草，唐川. 产品革命到效率革命，零售新物种——小米，究竟改变了什么？[R]. 国金证券行业研究报告，2018：17-18.

元人民币，同比增长了 65.2%。在生态链业务方面，年销售额突破了 200
亿元人民币，相较于 2016 年销售额完成了 100% 的增长。小米 IoT 平台联网
设备超过 8500 万台，日活设备超过 1000 万台，合作伙伴超 400 家，成为了
全球最大的智能硬件 IoT 平台。①

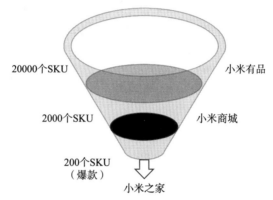

图 7 - 5　小米 SKU "倒三角" 漏斗模型

资料来源：笔者自行整理。

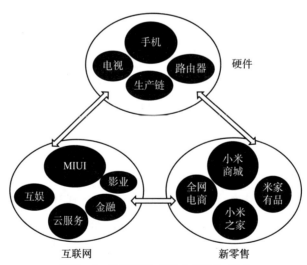

图 7 - 6　更新后的 "铁人三项" 模式

资料来源：笔者自行整理。

---

① 资料来源于小米公司 2017 年度财务报表。

（四）全渠道"开花"期：2018年至今

2018年7月9日小米集团在港交所主板挂牌交易，8年的时间里，小米凭极致性能、极致性价比的手机，搅动了中国智能手机行业，倒逼了中国智能手机行业的升级进步以及品质的提升，为中国的移动互联网快速崛起、走向成熟做出了贡献。然而，上市只意味着小米的第一个八年圆满落幕，为了适应市场环境的变化并基于企业更长远的发展考虑，2019年小米对于自身业务进行了调整，提出了接下来五年内的核心战略——"手机 + AIoT"的双引擎战略。

在智能手机方面，小米手机启动了双品牌策略，将红米产品线独立为Redmi品牌，Redmi与小米各自独立，有不同的属性标签，形成差异化品牌定位。小米品牌立足中高端和多元化市场，坚持技术探索，追求更有想象力的产品；Redmi品牌不再局限于打造中低端的智能手机，而是扩展至中高端和高端旗舰市场，只是仍坚持极致性价比的策略，走"高端产品大众化、大众产品品质化"的路线。在"AIoT"方面，小米 AIoT 平台地位持续扩大，围绕 AI 语音助手——"小爱同学"可接入的米家生态硬件产品已经非常丰富。2020年3月31日，小米披露了2019年度财务报表：截至2019年12月31日，在不包括智能手机和笔记本电脑的情况下，小米 IoT 平台已连接的 IoT 设备数达到了2.35亿台，同比增长了55.6%，其中拥有五件及以上 IoT 产品的使用者数量增加至410万，同比增长了77.3%。[①]

小米不只在国内市场上成效斐然，于境外业务方面取得的成就也令人瞩目。2014年4月22日，雷军于微博宣布小米将启用国际化新域名 mi. com，这代表着小米揭开了国际化进程的序幕。几年来，小米稳扎稳打，与当地领先的电商平台及分销商建立了良好的合作关系，2017年扩张成效初显，当年海外的业绩更是将小米拉出销量断崖式下降的低谷。其中，小米在印度市场的发展势头较为强劲，初始阶段主要依靠弗利普卡特、亚马逊和小米网三个电商平台来开展线上业务，迅速取得突破性的进展。2019年4月27日，

---

① 数据来源于小米公司2019年度财务报表。

国外智能手机调研机构科纳仕（Canalys）公布了印度手机市场 2018 年第一季度销量数据，小米手机的销量远超三星，位列第一，成为了印度市场上销量最高的手机厂商。与此同时，小米也吸取了国内怠慢线下布局的教训，提出了于 2019 年完成 100 家小米之家的建设计划。

此外，随着"一带一路"建设的逐步开展与推进，小米在东南亚市场的版图也逐步扩大。2017 年 2 月，小米公司在印度尼西亚开设的工厂启动标志着小米手机在印尼市场正式实现了本土化。2018 年 1 月 6 日，越南开设第一家小米授权店铺，人山人海的火爆抢购场面更使得雷军对小米品牌在东南亚的市场潜力深信不疑，紧随其后加快了东南亚市场线下实体店的扩张进程，并计划于泰国开设 190 家线下店铺。截至 2019 年，小米已经进入了全球 90 多个国家和城市。科纳仕数据显示，小米智能手机业务在 40 多个国家和地区的智能手机市场排名前五，除智能手机外，IoT 产品在境外发展势头也较为良好，智能家居已走向千家万户，成为业内公认的"智能生活领先者"。①

2020 年伊始，为了响应疫情防控政策，各地全面中止线下商业活动的开展。餐饮、零售、电影等线下消费一度陷入停滞，我国实体经济遭受到了强烈的冲击。许多线下的企业、商铺不得不另谋出路，加快布局线上业务，将目光转向直播带货模式。小米也不例外，恰逢旗舰机小米 10 召开发布会之际，由于疫情的影响，小米只得摒弃原先的线下宣传方案，与天猫超级品牌日团队合作进行策略调整，将宣传重心转移到线上。先是 2 月 13 日于淘宝召开"云发布会"并在 71 个平台同步播出，借此为其造势、扩大影响力，而后以 2 月 14 日天猫的超级品牌日为销量转化阵地。2020 年 2 月 15 日，小米公司官方微博发布 2 月 14 日天猫超级品牌日的终极战报：小米单日销售额破 3 亿，其中小米 10 更是单品销量及销售额的双料冠军。② 诞生于互联网的小米，最终又回归互联网，自此开创了一种纯线上的新机发布

---

① 任小昱. 小米 2019 财报出炉！海外收入增长 30.4%，贡献近半营收［N/OL］. 搜狐网，2020 - 04 - 30，https://www.sohu.com/a/392314017_100200416.

② 资料来源于小米公司官方微博账号"小米公司"于 2020 年 2 月 15 日发布的博文。

模式。

突如其来的疫情使得直播带货呈井喷式发展，如何在日益泛滥的直播带货中站稳脚跟，是企业应当考虑的关键问题。为了增强趣味性、互动性，小米还在抖音、快手平台上开启了 BOSS 带货等新模式。自 2012 年进军天猫、京东、苏宁等第三方电子商务平台起，小米成效颇丰，但近些年来其增速逐渐放缓，进入了瓶颈期，未来能否开拓新的增长方式，继续提升品牌商品的渗透性、实现突破，对小米而言至关重要。而直播带货的出现，不仅使得小米的线上渠道进一步向外延伸，也为其构建了一条全新的增长曲线。

2021 年 1 月 9 日，作为小米线下高效零售的主阵地——"小米之家"千店同开，新开门店遍及全国 30 个省，覆盖 270 个县市，这刷新了小米之家的开店速度，创下了单日门店新增数超一千的新纪录，同时也标志着小米新零售进入了全新的发展阶段。至此，小米之家的门店总数已突破 2000 家，实现了全国从市到县的全面覆盖，小米更是在零售行业完成了从"门外汉"到"领头羊"的身份转变。同年 3 月，基于"智能电动汽车已被公认为下一个十年最大的台风口"的判断，小米宣布成立全资子公司推进智能电动汽车项目。那么未来，小米能否站上下一个十年中最大的台风口乘势而起，其智能生活在安上四个轮子后能否快速奔跑实现弯道超车再超车呢？我们拭目以待。

二、小米互联网分销模式分析

（一）背景

随着现代信息网络技术的迅猛发展，互联网经济应运而生，其不仅推动着人们消费观念、消费行为的转变，也催生出了许多互联网企业。其中，小米于初创阶段便将互联网思维融入其商业模式、管理方式与企业文化中，聚焦产品、分销渠道的创新，不断进行升级变革，成立不到四年便登顶国内智能手机市场。然而手机业务并不是小米唯一的营收来源，基于全民消费升级的需要以及国内超大规模市场可观的人口红利优势，小米着手构建以智能手机为核心的生态链，定位于大众市场，做标准化程度高且通用性强的产品，立足于80%用户的80%需求，填补国内市场中"高品质且价位合理"的产品空缺。精准地找到切入点后，小米在短时间内快速扩张、进入多个消费领域，形成规模效应，获取了低成本优势。最终，小米用海量的销售数据及良好的口碑向大众证明了其在互联网企业中的领先地位以及互联网分销模式的可行性。

（二）小米价值观及其企业文化

企业的价值观和文化与企业的兴衰密切相关，一个能在激烈的市场竞争中蓬勃发展的企业，必有其独特的企业价值观和文化。小米的核心价值观为真诚和热爱。真诚就是不欺人也不自欺，即踏踏实实用真材实料做品质过硬、价格厚道的产品，和粉丝做朋友，用心倾听用户需求；热爱就是全心投入并享受其中，即聚拢一批追求极致产品的兄弟姐妹，大家做自己喜欢的事情，咬定青山不放松、千难万险不回头，享受创业长跑中孤独寂寞和玩命死磕中的痛苦和乐趣。在建设生态链时，小米将"价值观一致"作为挑选生态链企业的标准之一，因而小米的生态链企业都秉持相同的经营理念和价值观。在这种价值观的引导下，小米及小米生态链企业时刻关注用户需求，不断改进、创新自身的服务和产品，坚持为用户带来更好的体验，分销规模也在此过程中不断壮大。而小米的宗旨、使命与愿景则围绕价值观，更具体地阐释了小米的理念与企业文化。

如图7-7所示，小米的宗旨是"为发烧而生"，强调极致性价比与顾客利益最大化，力图将企业利润控制在极低的水平，最大限度地让利给用户。始终坚持做"感动人心，价格公道"的好产品，让全球每一个人都能享受到科技带来的美好生活是小米的使命。在使命的引领下，小米及小米生态链企业倒逼了上百个行业、推动了中国制造业的进步。优秀的公司赚的是利润，卓越的公司赢的是人心。小米的愿景——"和用户交朋友，做用户心中最酷的公司"贯彻了这一理念。从线上建立米聊和小米论坛等平台供用户宣传交流，到线下推出一系列"爆米花"活动，再到鼓励用户全程参与小米系列产品的设计开发，小米赢得了核心用户——"米粉"们的人心。

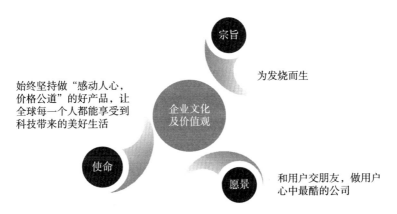

图 7 - 7　小米的宗旨、使命与愿景

资料来源：笔者自行整理。

（三）具体做法

1. 产品

（1）方法论。

在创立初期，小米没有选择"机海战略"——推出多款品质与价格不同的产品以供用户挑选，而是对标苹果公司，选择了"在产品链做减法"的策略，旨在打造一款高性价比、高品质的"爆款"手机，击穿中国智能手机市场。2011 年 8 月，小米发布了第一代智能手机产品——小米 M1，采用高通骁龙芯片，双核 1.5GHz、800 万像素摄像头，1GB 内存，售价仅为 1999 元。低价格、高性能，小米 M1 一经发售，就颠覆了智能手机市场。小米 M1 发售当年，手机销量为 30 万台，销售额达到了 5.5 亿元。[①] 2012 年，小米手机出货量为 719 万台，销售额达到了 126 亿元。[②]

做高品质高性价比产品的思路也从前期的手机业务延续到了后期的生态链建设中。小米生态链投资的第一个领域就是手机周边，投资的第一个产品

---

① 孙海红. 小米登榜全球最受欢迎手机　逐步超越中华酷联挑战三星［N/OL］. 家电联盟，2014 - 07 - 10，https：//www. jdbbs. com/portal. php? mod = view&aid = 21120.

② 李同非. 小米手机去年卖出 126 亿　雷军：成功 85% 靠运气［N/OL］. 央视网新闻，2013 - 01 - 17，http：//news. cntv. cn/2013/01/17/ARTI1358420006219842. shtml.

是移动电源。2011 年，小米基于手机外形越来越薄因而难以增加电池体积、智能手机耗电却越来越快的产品走势，做出了移动电源有市场前景的判断，于是在公司内部集聚了一支打造移动电源的小团队。该款移动电源从前期的设计、开模，到后期的研发、制造，全程均由小米自主跟进，采用最好的芯片、成本百余元、售卖价两百余元，但月销量却仅有两百多个，后因其不符合小米低价高质量的产品要求而被叫停。

创业前期打造移动电源的失败为小米投资移动电源埋下了前因。与此同时，2013 年的小米在中国智能手机行业已站稳了脚跟，拥有了大量固定的活跃用户，做移动电源可以最直接地享受到手机销售的红利。小米投资团队以"创办世界第一的移动电源公司"为标准筛选厂商，最后找到了原英华达总经理张峰。张峰与雷军相识多年，在 2011 年，小米尚未成型之际，时任英华达总经理的张峰第一个答应生产小米手机。且他在手机制造生产领域浸润多年，对行业极为了解。

2013 年 8 月，张峰创办了第一家生态链企业——紫米，开始设计并生产移动电源。在小米生态链投资不控股、辅助产品设计与定义、背书供应链的支持下，2013 年底，紫米推出了第一款 10400mAh 版的小米移动电源。该款移动电源采用了 LG/三星的进口电芯，外壳为铝合金材质，芯片方面采用了来自德州仪器当时最新的产品，电源输出效率比普通产品提升 10%，但售价仅为 69 元。因而，第一款小米移动电源一上市就引发了消费者的热烈关注。2014 年，小米移动电源全网销量突破 1000 万台，成为名副其实的"爆品"。①

小米手机的快速抢占市场、紫米和华米等初始生态链企业的成功、移动电源及小米手环等"先锋"产品的初见成效，均证明了小米生态链在实践过程中形成的产品方法论的正确性，为之后快速孵化生态链企业、打造"爆品"提供了良好的范例。"八八原则"是小米及生态链产品开发的原则，即提供的产品需要满足 80% 消费者的 80% 需要，换言之，即为满足大多数消费者的大众化需求。在"八八原则"的指导下，小米生态链可以汇集有

---

① 数据来源于小米公司官方微博账号"小米手机"于 2014 年 12 月 3 日发布的博文。

限的资源，围绕用户的刚需解决其痛点，产生规模效应。非必要功能的删减既可以降低产品的制造成本，也能够从用户层面减轻使用的复杂程度、节省使用时间，进而提升效率、优化产品体验。

小米生态链秉持着要么不做，要做就做击穿市场"爆品"的理念。"爆品"，顾名思义，就是产品做得好，以至于口碑爆棚，带来海量销量。很多企业在发展过程中都试图打造"爆品"来吸引消费获取成功，却忘了"爆"是结果，"品"才是根本。因而在打造"爆品"时，除了要关注供应链、渠道、用户等因素，最需关注的是产品品质。始终坚持做"感动人心，价格公道"的好产品是小米的品牌理念，多年产品经理的经验使得雷军深知产品品质的好坏对于企业的重要性。大到手机、电视等智能硬件，小到毛巾、牙刷等生活消费品，小米及生态链上下始终秉持"高品质、高性价比"的理念。将单品做到极致、成功与竞争对手拉开差距后，小米生态链产品不仅赢得了用户的良好口碑，也赢得了市场。

（2）产品体系设计原则。

小米基于做单品、爆品的方法论指导，创立初期的产品线十分精简，专注于智能手机市场，一年仅推出一款旗舰手机。然而随着 2013 年面向低端手机市场的红米系列、2015 年面向商务人士的 NOTE 系列、2016 年面向高端市场的 MIX 系列、2017 年的小米 5X、2018 年的小米 8 青春版和小米 8SE 等多系列产品相继问世，这不仅给"米粉"们造成了选择困扰，更是悖于"核心产品节制"的初衷。

作为一个有着敏锐嗅觉的成功创业者，小米创始人雷军也意识到了这个问题，再次着手精减产品线。2019 年 6 月，雷军宣布，小米手机产品线已完成了初步梳理，分为两条产品线：小米和 Redmi。

小米品牌主要是探索黑科技、中高端，专注新零售市场，分为数字系列、MIX 系列、CC 系列。小米数字系列定位为主流高端旗舰机，集各种先进技术于一身，性能极高，是小米手机中出货的主力军。对于小米来说，数字系列就能代表小米手机。小米 MIX 系列是小米旗下最高端机型，着力于提升小米整体品牌形象，聚焦手机设计和理念突破，硬件全为业内顶尖。小米 CC 系列则主打美颜拍照和潮流设计，主要面向全球的女性市场，是针对友商推出的一款竞品。

Redmi 品牌则主打高品质，极致性价比，专注电商市场，分为数字系列、Note 系列、X 系列和 K 系列。不同于小米数字系列，红米数字系列作为低端入门机型，价格为千元以下，主要定位为老年人群。Note 系列主打中端，目标用户为上班族以及轻度游戏爱好者，致力于满足其日常使用需求、性价比较高。X 系列是 5G 中高端机型，主打性能，是小米对于搭载中高端国产芯片的手机销量的试验品。

而作为红米旗舰系列的 K 系列，每一代产品用的都是最新的高通骁龙处理器，具有极致的性价比以及超高的性能配置。

除了小米系列和红米系列以外，小米还于国内市场推出了主打游戏功能的高端游戏手机——黑鲨。黑鲨手机独立于其他产品线，目标消费者为"80 后""90 后"中具有足够消费能力的游戏发烧友，力图成为游戏手机细分市场的佼佼者。在海外市场，小米则针对欧美、印度等地注重手机性能和性价比的用户诉求推出了中高端手机——POCO，以期通过与 Redmi 联合，实现海外双品牌运作，从而在海外市场站稳脚跟。小米的产品线梳理如图 7 - 8 所示。

小米的核心产品——智能手机不断围绕当下年轻人的需求，进行迭代更新，虽经历了产品繁多混杂的一段时期，但经过调整梳理后，其智能手机产品线变得十分清晰，遵循了创立初期核心产品节制的设计原则。

小米的外围产品则遵循百花齐放的设计原则。自 2013 年布局小米生态链起，小米体系的外围产品可谓是遍地开花。小米生态链体系的产品以智能手机为中心逐渐向外延伸，涵盖了手机、手机周边、智能硬件、生活耗材等多个领域，包含了家居、日用、餐厨、家电、智能、影音、服饰、出行、文创、健康、饮食、洗护、箱包、婴童等各大品类，形成了多层次的产品矩阵。值得一提的是，尽管这些产品类型不同，但都能和小米产生联系，实现小米与生态链企业的良性互动。

作为和核心业务最近的圈层，手机周边产品指的是手机延伸性配套产品，如耳机、移动电源等。基于其辅助性及延伸性的定位，手机周边和手机可以共享客户群、供应链、消费群体等资源，实现了手机、周边产品和用户之间的良性循环，提高了运营效率。

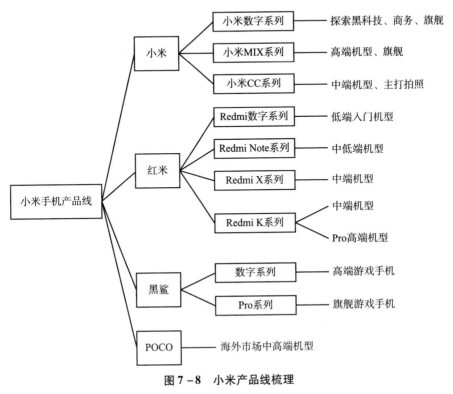

图 7 - 8　小米产品线梳理

资料来源：笔者自行整理。

　　智能硬件指的是通过软硬件结合的方式，对传统设备进行改造，进而让其拥有智能化的功能。平衡车、电饭煲、空气净化器等都是小米生态链中典型的智能硬件产品。小米投资孵化智能硬件企业，不仅能够利用其做硬件的经验与能力，还能通过手机这一控制中心，实现小米与用户之间的联结，提高用户忠诚度。

　　最外围的生活耗材产品具有必需性的特质，因此拥有巨大的需求量和较高的使用频次，可以大规模地连接客户、提高用户黏性；同时还具有相对稳定性，其在短期内扩大了小米及生态链产品的规模，也让小米之家等线下商店能够实现更完整、更丰富的场景式陈列。

如图7-9所示，小米生态链多层次的产品矩阵满足了消费者"一站式服务"的需求，为用户创造了更多价值，提升了用户体验，增强了用户黏性。小米、生态链产品、用户三者的良性互动也使得小米生态链的连锁效应不断放大。

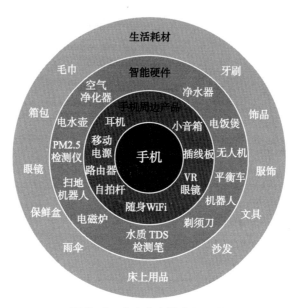

图7-9　小米生态链产品矩阵

资料来源：笔者自行整理。

2. 消费者

（1）消费者的变化。

小米公司成立初期，国内刚掀起移动互联网的浪潮，国内外厂商齐聚手机市场各显神通，对于初创品牌而言，如何找到消费的空白市场至关重要。小米手机选择定位于部分细分用户，即手机"发烧友"和部分对名牌并不"感冒"的中等收入人群；从年龄层次上来说，这部分用户更偏向于"80后""90后"等年轻群体，其中，高校学生占据较大比重。这类人群乐于尝试新鲜事物，是网络的活跃用户，并对手机的性能及配置有着较高的要求。基于这样的用户特点，小米将"为发烧而生"的独特理念融入产品的设计研发中，其核心部件均来自夏普、高通等国际一流元器件的供应商，出厂前还需进行一系列类似 10 万次按键检测的"极限测试"、严格把控质量关，奔着做"世界级产品"的目标，其价格却只是同行的一半。最终，1999 元的 M1 远超消费者的预期、开创了极致性价比的先河，于手机市场上引发了一阵轰动，以 790 万台的销量拿下了初期市场战役的开门红。①

2013 年 7 月，小米趁热打铁面向大众用户推出了全新子品牌红米，正式杀入中低端市场。红米采用国内一流的供应商元器件并以"追求流畅体验＋高性价比"为目标，力图打破普通老百姓对千元低端机"高仿、山寨"的刻板印象，打造一款人人都能买得起的优质手机。不同于先前小米手机"发烧友"的定位，红米主攻三、四线城市购买力相对较弱的用户群体，他们对于手机的要求较为简单：价格低廉、外观大气、待机时间足够长且能确保基础软件的流畅运行。为了满足这类群体的消费需求，红米选择走"低价中配"的路线：799 元的价格，搭载 MT6589T 四核 1.5GHz 处理器、4.7 英寸 720p 屏幕、130 万＋800 万像素组合。这样的配置虽不能满足深度发烧友的"高性能"要求，但对于大部分普通用户而言，红米已实现了"让用户尖叫"的目标。

在当时国内第一大社交网络平台——QQ 空间的社会化营销辅助下，红米手机得到了有力的用户支持以及高效的口碑传播。最终小米官方给出的数据显示：自 2013 年 7 月 31 日起，总计超过 900 万的用户于 QQ 空间预约，首批开放购买就在 90 秒内售空 10 万台。② 红米 1 的畅销标志着小米改写了"千元没有好手机"的历史，市面上的大部分山寨机岌岌可危，逐渐淡出了手机市场。

然而对于任何一家企业来说，自始至终占据市场领先地位都是极为困难的。2013 年在智能手机市场初步站稳脚跟后，小米决定扩展其产品组合的宽度，探索手机周边以及生活领域的相关业务，投资生态链企业。由于全民

---

① 爱范儿. 雷军小米十周年演讲：小米 10 至尊纪念版、K30 至尊纪念版和小米透明电视重磅发布 [N/OL]. 新浪网，2020 - 08 - 12，https：//k. sina. com. cn/article_1642720480_61e9ece002000qbnm. html？from＝tech.

② 吴越舟，赵桐. 小米进化论 [M]. 北京：北京联合出版公司，2021：50.

消费升级的热潮以及"要么贵、要么差"的蚂蚁市场里中间层次商品巨大的缺口，小米在产品定义阶段选择了大众市场，将目标用户拓宽至当下一大主流消费群体——热衷于追求产品品质、提高生活质量的白领及新中产阶级，并通过做高标准化、实用性强的产品来获取效率优势。2016 年 2 月，小米之家正式转型为线下零售店，生态链产品的销售也迎来了"春天"。借由小米之家集展示、体验、销售于一体的平台，消费者能够较为全面地了解生态链产品的相关信息，从而在线下市场这块更大的"蛋糕"上建立起大众对小米的品牌认知，有利于实现线下线上的相互引流。

生态链产品线的丰富及线上线下的双重布局助力小米顺利完成用户群升级。起初小米的用户定位是"80 后""90 后"的手机发烧友，如今用户的年龄层已扩大到 18~45 岁阶段，由于生态链圈层中产品品类的增多，女性消费者的占比也有所提高。新增的 35~45 岁的消费群体大多是购买力较强的中产阶级，他们的消费观更为理性成熟，消费诉求也从购买生活必需品转为追求高品质的、有态度的生活。

值得一提的是，小米复杂的生态系统背后隐藏着一段有趣的关系，即小米与生态链之间互相成就、相互引流的关系。由于原先线上销售手机等智能硬件时孵化了一大批忠实的米粉，他们自然而然会对生态链的相关产品予以关注和支持，故手机业务在初始阶段作为引流入口，对生态链产品销量的增长做出了很大的贡献；虽然对于其他手机品牌的部分忠诚用户而言，小米无法在短期内迅速打破其固有的品牌认知，彻底转变其原先的购买习惯，但某一圈层的产品为其带来的良好体验已于无形中增强用户对小米品牌的认同感，而随着生态链产品逐步获得消费者的认可及良好口碑的建立，生态链的每个产品都成为了引流的重要"关节点"，不同圈层产品之间能够产生协同效应、促使消费者产生连带购买行为，完成业务的内部引流，甚至还能在一定程度上为手机业务的用户拓展积蓄势能。

（2）增强消费者参与感，提升消费者体验。

小米打造粉丝经济的关键在于：运用各种方式创造品牌与消费者之间的"引力场"。前期小米以论坛互动、MIUI 的参与感设计为支点，打下了坚实的粉丝基础；而后小米选择了线上、线下并进的方式来挖掘增量用户、激活存量用户。新零售阶段，则以小米之家作为流量转化的主阵地，借鉴电商取得成功的经验，革新人、货、场的运营，将质高价优、感动人心的产品送到消费者手中，最终缔造了国内零售业的坪效传奇。

作为小米成立以后发布的第一款产品，MIUI 首次将"和用户做朋友"的理念融入小米的品牌基因中。起初，小米团队在论坛上招募到 100 个技术发烧友作为第一批内测用户，将其手机刷成 MIUI 系统后，让他们进行深度体验、全方位地提出各种改进建议，工程师们则在此基础之上完善后续的系统优化工作。在这 100 个发烧友的支持下，第一版 MIUI 系统问世以后深受广大用户的喜爱；而后，在正式发布或更新功能之前，MIUI 团队都会去论坛上征询用户的意见、与发烧友们深入交流并根据收集到的反馈信息调整方案；待新功能发布后，继续在论坛上跟进用户的使用意见，如此反复多次来进行迭代更新，开发出了小步试错、用户驱动的"橙色星期五"模式；论坛设立的"爆米花奖"，也是以用户的喜好为标准来评判新功能、新产品的创新价值。

对于用户提出的各种意见和想法，小米团队始终珍之重之。通过"需求提出者"角色的扮演，用户的参与感、成就感得到满足，"米粉"的转化率大大提高，新产生的"米粉"也会将口碑传递至其他潜在消费者，小米的品牌影响力在"米粉"的口口相传中不断扩大，最终完成了用户的裂变。基于论坛用户沉淀的初步胜利以及互联网时代信息传播"去中心化"的特质，小米采用主动出击的"造粉方式"，于微博、微信、QQ 空间等平台持续发力、扩散口碑，并成立了百人团队专门负责各平台的互动管理。借助微博互动性强及"一对多"的传播优势，加之"话题＋活动"两大武器的运用，该平台逐渐成为拉新的主战场；而采用一对一朋友圈交流的微信，更适合发展为服务平台；QQ 空间的用户群体偏年轻化且外部链接的点击率更高，则以内容营销为切入点，负责吸引用户点赞并向小米官网引流。在贴合各社交媒体自身属性的前提下，小米最终形成了以"微博拉新、QQ 空间引流、微信客服、论坛沉淀"的社群运营模式。

为保持现有用户的活性、加强用户彼此之间的联系，提高品牌忠诚度，小米举办了诸如 MIUI 校园俱乐部、小米家宴、"爆米花"等多元的线下活动。"爆米花"活动源于"车友会"模式，其体系包括官方组织的见面会、粉丝自发组建的同城会、爆米花年度盛典以及米粉节。在线下多样化的互动与交流中，产品始终是维持米粉圈紧密联系的重要话题，"友谊"因素的注入则实现了用户与用户之间的黏性联结，高频的情感共振使得粉丝群体的内核保持长期稳定，并逐步形成了"以老带新"的机制。2016 年 2 月，小米正式进军线下零售市场，为响应以消费者体验为中心的新零售革命，小米之家采用各个击破的打法，寻求客流量、转化率、客单价、复购率的全面提升，拉近了与消费者的距离，实现线下线上同步增长的业绩目标，如图 7 - 10 所示。最终，小米之家创造了 27 万元的国内零售业坪效纪录，位列世界第二，用实践证明了其策略创新的正确性。①

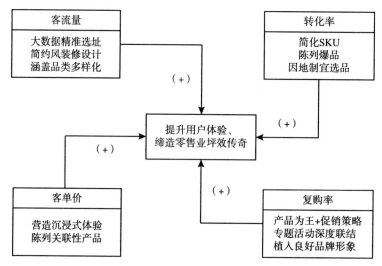

图 7 - 10　小米之家运营

资料来源：笔者自行整理。

3. 扩大客流量

新零售战略的实施需要一定的流量作为保障，小米力求将店开在离米粉

---

① 刘润. 独家专访雷军——对科技的信仰，对效率的信仰［N/OL］. 网易新闻，2022 - 03 - 29，https：//www.163.com/dy/article/H3KQBH7V05199MO5.html.

最近的地方，利用后台积累的用户定位数据进行精准选址，对标星巴克、无印良品等与小米用户重叠率较高的快时尚品牌，最终选定一、二线城市购物中心的核心位置。为打造清新舒适的视觉体验，小米之家选择较为简约的装修风格：店铺外观采用醒目的橙黄色 LOGO 招牌＋通透的落地玻璃；店内布置原木色的展台搭配白色框架，产品以白色为主色调，线条极简、流畅，科技感十足。

仰赖生态链企业的产品支持，小米之家涵盖家居、日用、家电、智能、影音、箱包等多个品类，扭转了手机业务消费低频的劣势局面；所有品类每年一次的更换频率使顾客保持"常逛常新"的新鲜感，访店频次也随之大幅提升。

（1）增长转化率。

基于 SKU 的差异化布局，小米之家有限的展示区只陈列小米商城销量排名靠前的约 200 个爆品。陈列爆品背后的逻辑大致有两点：一是企业能够更加专注于单品的改进上，从而将设计感、品质等提升到更高的水准；二是爆品带来的巨大销量使得边际成本有所降低，产品呈现出"高质低价"的特点，成交效率也会更高。

此外，不同地区的门店所展示的商品并非完全一致，为了确保各门店销售的都是最受当地消费者喜爱和认可的产品，小米之家采用总部框定产品范围、区域店长根据门店的具体销售情况做出品类调整的模式。因地制宜的科学选品策略使得消费者可以"闭着眼睛买"，从而带动了转化率的增长。

（2）提高客单价。

为了增强用户的体验感，小米之家的员工基本完成了"不打扰式服务"的转型，若用户有产品咨询的需要，员工须及时响应，但严禁向其强制推销、过度打扰，为其留足私人空间。在轻松的体验环境下，消费者能够深入感知产品的功能、设计、品牌调性，充分享受购物的乐趣。

客单价和连带率呈正相关，故立足于关联购买的出发点，小米之家的产品布局采用交叉陈列的方式，部分产品的功能之间存在一定的联系，比如空气净化器可由手机远程调控、手机的照片可在电视上实时显示等。产品相互关联使消费者更易产生连带购买行为，客单价便不断攀升。

（3）提升复购率。

小米推崇"产品为王"的理念，致力于提高顾客做出购买决策的速度，打造极致性价比的爆品，实现让消费者能够闭着眼睛买的目标。而不定期的爆款促销、消费券的发放等优惠政策的加持及专题活动的开展则进一步刺激粉丝进行持续消费；与此同时，由于线上渠道覆盖的局限性，大部分不经常网购的中年甚至老年群体对于小米品牌知之甚少。而线下门店的建设借由高品质的产品、良好的线下体验，能在尚未涉足小米的群体心中植入良好的品牌形象、强化品牌认知，进而形成良好的线下口碑效应，有了口碑的传播，消费者自然会持续回购。

小米之家新零售战略的成功在于以用户体验为主，为线下店的建设插上效率的翅膀。首先，运用大数据分析技术科学选址从而最大化客流量、采用简约科技风的装修设计输出品质生活的理念。其次，为确保进店流量的精准度、将商品呈现给合适的消费者，简化门店 SKU 的数量、只陈列爆品，并根据各地区的销售情况灵活选品；而当客流量遇增长瓶颈时，客单价是门店业绩提升的关键所在，小米之家借由不打扰式服务营造沉浸式体验、利用产品之间功能的关联性引发连带购买效应。最后，以产品及体验为攻克新用户的突破口，通过开展专题活动建立与原有用户的深度连接、提高用户忠诚度。"四轮驱动"的坪效革命最终带来了销售额的增长，在扩大用户关注度、深化品牌认同感方面均有所助益，更重要的是成功引导消费者的购买动机由自身需要转变为品牌信任。

4. 渠道

初期出于成本考虑，小米重点经营线上渠道，采用限量发售的新模式，自建小米商城（PC 端为小米网）。新品先于官网开放独家预约通道，用户获得购买资格、完成付款后，由凡客诚品的"如风达"快递负责配送，"用户预约→获取订单信息→厂家生产→商品配送"这一高效的流程，不仅减少了产品的中间流通环节、避免了库存积压、节省了中间商和店铺租赁的成本，也与雷军一贯强调的互联网思维不谋而合，运作效率的大幅提升使得小米能够专注于手机性能及配置的研发改进，从而最大程度地让利给消费者，为其提供"感动人心、价格厚道"的好产品。

手机发布后，小米长期处于供不应求的状态，为便于消费者的购买，小米着手拓展其分销渠道。当时国内 3G 网络基础设施布局基本完成，为顺应移动互联网的竞争要求，小米与两大通信运营商达成战略合作，携手为用户打造卓越、流畅的网络使用体验，先后推出联通、电信合约机，消费者可在遍布全国各地的营业厅网点购买；除此以外，小米还于 2011 年 12 月 20 日的发布会上宣布进驻 1000 多个社会渠道授权门店（如苏宁电器等），消费者可于门店近距离感受手机的品质、做工、外观等细节；2013 年 7 月，小米于 QQ 空间发布首款 TD 双卡双待的手机——红米 1 代，该次社会化营销的全新尝试反响热烈，也由此拉开了小米与中国移动合作的序幕。运营商及社会渠道的拓展为原先单一的线上渠道做了补充，助力小米进一步扩大市场份额、真正走进千家万户。互联网的普及掀起一阵电商购物的风暴，而小米作为互联网企业再一次顺势而为，陆续与国内主流电商平台开展合作，逐步扩充其线上渠道规模，搭建起与消费者多向连接的桥梁。2013 年 7 月，天猫小米官方旗舰店正式运营，采用"直接面向消费者"的品牌直营模式。该模式不仅便于高效的渠道管理，且在获取用户的行为数据上也能享有更大的自主权，这些宝贵的数据资源能为新品开发的决策方向提供依据，再度呼应用户导向的思维；此外，天猫诸如超级品牌日、狂欢节、3D 购物城等多样化的活动运营方式也有助于强化用户体验、沉淀粉丝，从而直接引爆成交量。

小米与京东的合作是基于"他营模式"展开的，小米只负责为其提供货源，该渠道的仓储、销售、物流、配送均由京东"一条龙服务"，背倚强大的运营团队，小米节省了巨额的成本支出。除了利用京东平台自身的流量红利、产生用户群叠加效应外，与百度、微信、头条等多家互联网平台建立的良好合作，也为小米开辟了更多的流量通道，消费者不仅可在 PC 端、客户端的京东商城浏览商品，还可通过微信购物、QQ 购物等多渠道选品。

随着城市发展节奏步入成熟期，新中产阶级成为了消费主力军，这类群体普遍倾向于追求品质生活、注重商品的使用感及体验，从而使得实体店的购物热度有所回升。该阶段小米生态链的产品脉络逐渐清晰并形成三大圈

143

层，诸多功能性产品仅靠视频、图片等媒体信息的介绍难以打动消费者；此外，线上市场趋于饱和，为了提升用户覆盖率、培育新增长点，小米开启线下高速扩张的态势，推进城市门店建设，构建以自营为主、他营为辅的线下渠道布局，如表7－2所示。

表7－2　　　　　　　　　　　　　小米建店模式

项目	小米之家	小米专卖店	小米授权店
建设模式	自建	他建	他建
经营模式	自营	自营	他营
建店区域	一、二线城市	三、四线城市	四线以下城市

资料来源：笔者自行整理。

其中，小米授权店采用当地合作商负责建设及运营、小米提供指导性建议的模式，扎根于三、四线以下的城市；小米专卖店则主攻三、四线城市，由合作的零售商、服务商建设，小米负责供货及门店的管理运作；官方自建自营的小米之家是实施新零售战略的"主心骨"，率先占领一、二线城市，逐步向三、四线城市渗透。

小米之家采用线上线下同款同价的策略，集产品展示、体验咨询、销售及互动于一体，其建设布局严格遵循新零售的增长逻辑，借由线下社区的打造、活动的举办再度延续"和用户做朋友"的理念，使粉丝成为增长的内生动力；此外，爆品战略的实施以及关联性的陈列布局，将有限的展示资源发挥最大效能、保证门店动销率的提升；而以体验为导向的不打扰式服务以及基于情感的"场"运营则让零售具有温度。人、货、场三维度的持续发力使得小米成为新零售的业态杀手，而后小米更是以前所未有的速度开启规模化布局，将新零售模式成功的经验复制到多个城市。2021年，小米之家"千店同开"的实现标志着其渠道下沉的初步胜利，线下市场卓有成效的开拓也为小米构筑起稳定发展的护城河。

除了发力自营建设外，小米也与第三方分销商保持良好的合作关系，由于苏宁的双线运营模式与其多渠道探索的理念高度吻合，2016年5月，小米正式入驻苏宁易购官方旗舰店，双方再次达成结盟共识，与早先的"供销关系"合作不同，此后与苏宁的合作并不止步于简单的渠道对接，而是基于线上线下资源的双重融合、实现全渠道的信息互通，力求满足更多消费者的个性化需求、携手创造互利互惠的共赢局面。在此背景下，小米在苏宁首发的多款合作机型屡屡刷新销售纪录；而苏宁也发挥其强大的门店资源优势，积极推进线下小米体验专区的开设，联合举办多项粉丝回馈活动，致力于为消费者提供不同的体验。

在线下开拓攻势猛烈的同时，小米也没有忽视线上渠道生态的延展。针对当今传统电商平台在品控方面的欠缺以及过多的推广使得消费者的购物时间成本上升、难以做出抉择等痛点，小米推出了以精选为原则、以品质生活为核心的电商平台——有品。

作为 SKU 漏斗模型的入口，有品除了倚赖自有生态链的产品支持，还引入第三方品牌、联合供应链公司共同研发设计产品，从源头入手优化产品质量，平台则为合作企业提供物流、配送、销售等一系列的保障。为终结消费者的"选择困难"，有品的各个品类上架的产品数量有限，且本着对用户负责的理念，每件商品都需通过严格的品控测试、符合小米标准后方可入驻；定价环节中也注入小米基因、砍掉品牌溢价、优化成本结构，力图为消费者提供高性价比的产品；在用户管理方面，有品还引进合伙人机制、建立会员制模式，通过权益赋能深化传统的买卖交易关系、提高粉丝黏性。

疫情期间，直播带货成为公认的资本新风口。诸多商家纷纷搭载直播"快车"销售产品，为消费者营造新鲜感、打造便捷的购物体验。对待这一新时代的产物，小米在互动形式以及直播方式上融入创新、趣味性的元素，于抖音、快手等平台上开启了 BOSS 直播带货模式，并逐步形成"官方号 + 企业家个人号"的传播矩阵，高效精准地触达消费者。

小米的渠道布局建设始终贯穿着"效率至上"的核心逻辑。如图 7 - 11 所示，小米的线上渠道以小米商城为主支撑、精选电商有品为延伸，覆盖了各大主流电商平台，享受了流量红利优势。除此之外，小米还入驻了不同的平台发力直播带货，直播不仅是为了顺应时代发展趋势，更是为了突破现有分销圈的限制、开辟新的流量获取通道、创造增长新契机。随着 2021 年 10

月底小米之家"万店目标"的顺利完成，小米的线下市场开拓也朝着成熟与规范化的方向迈进，以自营的小米之家为流量转化的主阵地，三方分销渠道以苏宁为代表的消费电子零售商、运营商等作为补充和拓展，以求全方位覆盖消费者。

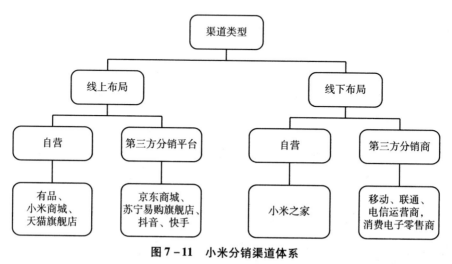

图 7-11   小米分销渠道体系

资料来源：笔者自行整理。

（四）独特的生态链扩张模式

摒弃传统企业采取的资本堆砌方式，在资金有限的情况下，采用"投资＋孵化"的扩张模式、参股不控股，依靠方法论高度输出和价值观高度契合的方式，小米走出了一条依靠品牌、粉丝、价值观的企业扩张新路——构建商业生态系统，组织触角向外不断延伸。在生态链系统充盈的过程中，其分销网络规模也随之不断扩大，全渠道构建不断完善，产品矩阵日渐丰富，满足了消费者多样化的需求，在手机之外的领域实现了百亿级的销售规模，取得了广泛成功。为有助于读者进一步理解生态链系统对小米公司不断壮大的提升作用以及与传统企业扩张模式存在的差异，本小节从拓展方式、占股比例、管理手段、对品牌的管控、价值观、方法论和对供应链的依赖程度这七个方面进行了梳理阐述。

　　长久以来，我国传统大企业的扩张都致力于发展分公司、子公司，追求资本意义上的控制权；而小米另辟蹊径，采取了较为独特的生态链扩张模式，将其方法论输出到近百家传统企业，构筑起了网络分销平台主导的分销生态圈，成为全球最年轻的世界 500 强公司。

　　在 2020 年小米实际控制紫米（小米旗下生态链企业）前，对于生态链公司，小米一直采取参股不控股的方式，多数只占 20% 的股份。与传统企业为保证绝对控股权采用占股 50% 以上的模式不同，参股不控股的做法保证了小米生态链企业的绝对自由，大部分的股权都在自己手里，激发生态链企业的创新动力和冲劲，从而快速发展进步。

　　关于管理模式，传统企业一般采用绩效考核的方式，绩效持续低迷甚至影响到母公司发展的子公司，可能会被取消设立。对于生态链企业，小米遵循"优胜劣汰"的原则，采用动态更替的模式，允许生态链内部的产品存在适度竞争。当生态链企业的产品在品类上存在重合交叉时，小米"不划地盘"、不做干涉，将选择权交给市场和消费者。适当的内部竞争，对生态链企业而言，既是一种激励，也是一种保护，有利于企业提高自身的免疫力与生命力。

　　针对生态链企业生产设计通过小米内测、符合小米品牌要求的产品，小米会对其开放"米家"和"小米"品牌。"小米"品牌主要偏向于科技类和硬件类的产品，"米家"品牌则偏向家用和生活类产品。换言之，越靠中心圈层的产品，越契合"小米"的品牌属性。小米的品牌支持可以为初创生态链企业赋能，生态链企业可以通过小米的品牌背书获取充足的资金、流量以及供应链的支持。除小米米家品牌外，生态链企业还允许开发拥有自主品牌，比如华米科技。小米生态链中著名的智能可穿戴设备——小米手环便是华米科技开发设计的，后来，华米又针对高端市场推出了自有品牌 Amazfit。但在传统公司的扩张过程中，子公司大多沿袭母公司的品牌，对于未来发展方向缺乏话语权，无法开发自有品牌。

　　基于对企业利益的追求、赚快钱的目标，传统公司往往会用大量资本收购或投资有利于自身发展的企业，却对企业双方价值观契合与否置之不顾。但成为小米生态链体系的成员，所需具备的标准之一便是要与小米的价值观相契合。价值观一致、利益一致、目标一致，生态链体系的成员就会朝着一个方向努力，一起发展壮大。在发展的过程中，小米生态链也形成了自己的价值观——不赚快钱、立志做最好的产品，追求产品的高性价比；坚信互联网模式是先进的；提升效率，改造传统行业。

"感动人心、价格厚道"是小米一直以来贯彻的产品理念。前期开发手机、布局物联网，而后打造小米移动电源、小米路由器等"爆款"产品……积累了诸多宝贵的实战经验后小米逐步形成了一整套如何做产品、卖产品、打造"爆款"产品的方法论。在投资孵化生态链企业时，小米高度重视方法论的输出，帮助生态链企业打造了一款又一款的"爆品"。为引导小米生态链企业更好地孵化产品，2016 年 1 月，小米投资了生态链企业——谷仓学院。谷仓学院本着"指导员角色公司化"的思路，梳理、提炼了小米生态链企业的方法论和经验，为小米生态链的创业队伍、产品经理甚至整个公司的优化提供指导。但如同对价值观的忽视一样，传统企业对于分公司/子公司方法论的输出也秉持不重视的态度。

无论是小米公司还是传统大企业，在发展壮大的过程中都整合了大量优质的供应链资源，实现了议价优势和规模化效应。小米生态链扩张模式与传统企业的对比如表 7 - 3 所示。在扩张过程中，这些优质的供应链资源能为生态链企业/子公司/分公司所用。小米在初期开发智能手机时，就完成了供应链的基本架构，拥有了大量资源，积累了良好的信誉，能够为生态链企业提供供应链支持。而生态链企业在初创阶段，既没有整合供应链的能力，也缺乏与大型供应链公司"讨价还价"的资本，因此对小米背书的供应链依赖程度较大，且生态链企业所处的圈层越往外，拥有的核心技术和专利就越匮乏，对供应链的依赖也就越大。传统大公司对外投资多是为了快速进入某个新的市场或领域，因而收购的对象往往是已达到一定规模、在该领域已占据一定份额的企业。在前期发展过程中，该企业依靠自身的努力已经在所属的供应链中获得了较高的溢价权，因而对大企业背书的供应链的依赖程度不高。且传统企业扩张仅为了扩大公司的业务范围，不存在明显的层次，所以被收购企业对于供应链依赖也没有明显的层次。

表 7 – 3　　　　　　　　　小米生态链扩张模式与传统企业对比梳理

差异	小米	传统企业
拓展方式	通过生态链拓展品类	通过分公司、子公司拓展
占股比例	只占 20% 左右，参股不控股	一般占股 50% 以上，有绝对控股权
管理手段	遵循"优胜劣汰"的原则，采用动态更替的模式，允许适度竞争	采用绩效考核的方式，对于绩效持续低迷甚至影响到母公司发展的子公司，则可能取消立设子公司
对品牌的管控	除小米米家品牌外，还允许有自主品牌	子公司大多沿袭母公司品牌
价值观	高度重视价值观的契合	对企业利益的追求大于对价值观契合的追求
方法论	高度重视方法论的输出	忽略方法论的输出
对供应链的依赖程度	对供应链的依赖程度较大，扇形越外围越依赖供应链	对供应链的依赖程度不大，且没有那么明显的层次

资料来源：笔者自行整理。

三、小米模式的启示

借助超大规模市场优势，利用互联网思维运营，贯彻统一的产品创新文化，打造高度认同的粉丝人设，节制核心产品、丰富外围产品，实行快速的高性价比商品推出节奏，采用高度开放的平台经营策略，小米在智能手机领域杀出了一条血路，并基于物联网的发展风口、通过投资 + 孵化的生态扩张模式，将其优势延伸至手机周边、智能硬件以及生活耗材领域，构筑起了网络分销平台主导的分销生态圈，成为了全球最大的智能 IoT 平台，在手机之外的领域实现了百亿级的销售规模。纵观小米分销模式的发展历程，分析其分销网络构建的内在逻辑后，本章类比得出了企业如何在变化的市场环境中通过制定独特的产品、用户、渠道策略，建立起核心竞争力的启示，以期为类似企业提供参考和借鉴。

（一）打造粉丝人设，提升粉丝自我认同

不同于传统品牌和用户之间乏味的交易关系，小米称自己的用户为"米粉"，并经由多渠道的尝试，摸索出了参与感—忠诚度—归属感的转化路径，逐步强化了粉丝人设、增强了用户对品牌的向心力，使其自觉投入到品牌的生态建设中。在 MIUI 系统诞生时，基于论坛互动的参与感设计模式完成了用户转化的第一步；而后小米深耕线上线下多元场景来聚合粉丝、创造情感联结，提高用户忠诚度；借助于核心用户的特权赋能以及打造"100个梦想的赞助商"的专属雕塑等一系列措施全方位展示官方对粉丝的重视和认可，使其心中的成就感油然而生。自此，基于身份认同产生的品牌归属感则赋予他们新的"使命"——自发在各大社交平台上进行口碑传播，粉丝也成为了小米强大分销生态圈中的关键一环。

粉丝人设的打造突破了"一锤子买卖"的传统交易关系，为企业产品附加了功能属性以外的卖点，刺激了消费者的购买动机向品牌信任过渡；且身份的转变能够促进粉丝进行自发传播，较之于传统的营销传播，可信度更高、影响范围更为广泛，对于用户裂变具有重要意义。"得粉丝者得天下"是移动互联网时代的主题，企业应顺应时代风口、转变发展理念，构建新型用户关系，引导其获得高度自我认同，成为品牌的"义务宣传者"，从而将"情绪资本"转化为企业的持续性收益。

（二）利用大国优势、时代潮流助力组织发展

我国是世界第二大经济体，对于消费品领域的企业而言，庞大的人口基数有着得天独厚的优势，且近年来中等收入群体规模的持续扩大也是消费市场保持稳定发展的驱动力。然而国内消费品领域中许多市场都缺乏绝对领先的巨头企业，大部分市场份额都被不知名的小厂商瓜分，企业大多安于现状，无视消费者的需求痛点，怠于提升质量性能，"要么贵、要么差"的产品现状使得消费者的需求无法得到释放和满足。小米看到了国内蚂蚁市场的巨大缺口，基于大国的人口红利优势及对消费时代主旋律的感知，定位于大众市场、布局生态链，遵循"八八原则"打造高品质且价位合理的产品，

并快速扩张进入多个领域，利用规模效应获取成本优势，使小米模式如鲶鱼一般颠覆了传统行业、获得了大众认可。

全球 500 强企业多在大市场中诞生，行业巨头都是时代孕育的产物。企业若想做大、做强、做得长久，首先应该对外部环境有宏观的把握、理解时代发展的主旋律，敏锐地捕捉消费趋势的变化，为企业定好发展的总基调；其次聚焦企业所处行业的发展现状，明确存在的问题，敢于抓住市场机遇；最后回归到企业的安身立命之本——产品端，在当下消费升级的热潮及新中产阶级崛起的背景之下，品质提升仍然是企业发展的第一目标。

（三）"一竿子到底"的产品创新文化

小米奉行的是"一竿子到底"的产品创新文化，自主创新是小米不断发展壮大的核心所在。无论是公司初创期的第一个产品——MIUI 系统，还是智能手机，抑或是后期的小米生态链产品，小到蓝牙耳机、小米手环，大到电视、空调，小米及小米生态链的所有产品从研发到生产从一而终地坚持创新为上、品质为上的理念。

随着人民对美好生活需求的日益增长，消费者对于产品的需求不仅仅是实用，更需要产品丰富多样，在满足物质需要的基础上追求品质更佳、价格适中的产品，能在各个场景中搭配使用。这对于企业来说，就必须培育一种创新精神和文化，在企业发展的过程中，不断改善工艺，努力创新产品，提高产品品质，满足消费者变化的需求。这种创新文化应该贯穿到企业发展经营活动的各个环节，落实到产品设计、生产、品质、渠道、推广、服务、营销等方面，甚至每个员工的行为上，做到"一盘棋统筹、一竿子到底"。

（四）降低营销成本，实现情感互联

初创期的小米便已是互联网营销的领跑者，基于对各大主流平台属性特征及受众群体偏好的分析，打造了"微博拉新、微信客服、QQ 空间引流、论坛沉淀"的立体化传播矩阵。为提升品牌的渗透率，小米始终保持亲和的姿态与目标受众沟通，鼓励内部员工甚至高管、创始人团队在媒体平台上与用户直接对话，深入了解需求，使用户感受到重视和尊重；此外，小米于

各平台的活动策划及内容运营都颇具趣味性、创新点，能实现与用户的情感互联，从而为产品的发布造势。如微博上发起的"我是手机控"活动，广告成本零投入却收获百万客流；又如"150g 的青春"话题，借由一系列青春元素的插画以及小米创始人合拍的海报视频，为产品预热、做足悬念，最终，小米手机青春版发布当天就售罄，销量达 15 万台。① 在精准把握市场时机的基础之上，小米背倚主流新媒体平台，以低成本投入为品牌揽足热度、促进购买率的转化。

互联网媒体的普及和广泛使用为企业的营销推广创造了新的发展机遇。其多元化、高效率的信息传播方式能够帮助企业迅速占领流量高地，拉近与目标消费者之间的距离，实现低成本获客。然而，在信息泛滥的时代背景下，聚焦消费者的注意力绝非易事，企业应当根据不同平台的介质特点及自身的品牌特性针对性地制定策略，善用"话题 + 活动"两大利器来传递品牌理念，打出富有创意的营销组合拳，与用户深度互动、引导其偏好，从而驱动口碑效应，拉动产品销售。

（五）核心产品节制，外围产品百花齐放

小米遵循核心产品节制、外围产品百花齐放的设计原则。产品品类的增加，意味着企业需要分散其时间和精力至不同的产品，花费的时间和资金也随之增加，企业无法集中资源打造"爆品"击穿市场。创立初期的小米没有足够的人员和精力，且无法在短时间进入多个领域做多个品类。基于以上认知，小米创始人雷军做出了以下判断："小米必须要专注，否则效率会降低。我们自己不要做，最好是找更专业、更优秀的人来做。"因而，小米确立了"投资 + 孵化"的模式布局生态链开发产品。对于核心业务——智能手机，小米集中精力，自主开发、设计、生产、销售，保持精简的产品线，对于外围产品，小米选择与生态链企业合作、打造多层次的产品矩阵来满足消费者多样化的需求。

---

① 刘润. 独家专访雷军——对科技的信仰，对效率的信仰［N/OL］. 网易新闻，2022 - 03 - 29，https：//www. 163. com/dy/article/H3KQBH7V05199MO5. html.

对核心产品实施简化产品线策略，可以使企业集中供应链、渠道、资金、营销等资源，研发生产高品质的精品来抢占市场。在此过程中企业还可以形成规模效应，提升效率，降低生产运营成本。待核心产品成熟后，出于满足消费者"一站式服务"的需求，企业可以延伸其产品线，但基于效率、成本等方面的考量，企业可将与核心业务关联度不高的外围产品交由生态链企业或是合作友商开发生产，在丰富产品品类的同时也保证了产品的品质。

（六）推出有新意、高性价比商品

《圈层效应》中曾经写道，"面对群体的强势崛起，只有理解消费主力的商业逻辑，懂得如何靠拢这一代年轻人，未来的商业才能成功"。[①] 以"90后""00后"为代表的年轻人，是目前市场上新一代的财富密码，读懂年轻人就等同于读懂了当下的商业逻辑。近年来随着单身经济的迅速崛起，家电行业刮起了一股"迷你"风，不少小容量、高颜值、多功能的小家电应运而生，几乎覆盖了日常生活的方方面面，成为年轻一族的"心头好"。单身经济升温的背后逻辑，是越来越多的年轻人开始追求品质生活。为了更好地贴近年轻人的日常生活，小米生态链紧跟时尚潮流，实行快速的、有新意的高性价比商品推出节奏。例如号称"年轻人第一台冰箱"——小吉迷你复古冰箱、"年轻人第一台电饭煲"——米家小饭煲，等等。通过打造这些小巧贴心但又功能丰富的小家电，小米解决了年轻人居住空间有限的痛点，让年轻人的生活也变得有品质、更精彩。

目前，消费群体呈现出年轻化、个性化和多样化的趋势，企业为了更好地适应市场的变化，应该以满足年轻消费需求为主线，贴近"90后""00后"的日常生活，在重视产品品质的同时追求时尚潮流。

（七）高度开放的平台经营策略

创立初期的 MIUI 系统，由于其高开放性的特质，吸引了众多手机发烧友广泛参与，用户对外自发进行口碑传播的同时也带动了 MIUI 系统的改进

---

① ［美］托马斯·科洛波洛斯. 圈层效应［M］. 闫晓珊，译. 北京：中信出版集团，2019.

升级。作为小米旗下的精品生活购物平台，有品也坚持开放、共创、共建、共赢的原则，与各行各业内的优质供应商进行合作，开放平台供其销售产品。2017 年 11 月，小米推出的 IoT 开发者平台意味着小米平台的对外开放程度实现了质的飞跃。开发者可以随时并免费申请将还处于生命周期内的设备接入小米的 IoT 平台，若该设备的质量、兼容性等通过小米的测试，设备的开发者可享受小米公司提供的包括硬件连接、云平台、内容分享、庞大的用户群以及营销渠道等支持。通过高度开放的平台经营策略，小米进一步拓展了消费场景和用户群体，为公司未来发展提供了一个更广阔的空间。

如果企业在发展中故步自封、夜郎自大，只会逐渐与市场脱节，与用户脱离，丧失竞争力。企业应该通过开放其业务平台，共享数据、用户、服务、销售渠道等资源，吸引其余主体入驻，以此来增强企业黏性，提高产品及服务的价值，提升效率，从而更好地发挥平台的网络外部性。

第八章

利丰供应链分销模式[*]

作为一家以外贸为起点的公司，利丰顺应了"经济 + 采购 + 生产"全球化的趋势，通过不断优化、升级、改革和创新，形成了全球领先的高效供应链管理模式，大幅提升了企业的外贸流通效率，其发展经验对于我国流通类商贸企业具有重要借鉴意义。同时，利丰全球供应链的经营模式对于国内的外贸公司在降低运营成本、提升运营效率、同步开拓国内外市场等方面具有重要启示作用。本章节内容围绕利丰的发展历程，详细介绍利丰的分销管理模式以及面临的挑战，最后归纳出相应的发展启示。

一、企业介绍

（一）跨国巨轮的启航

1906 年 11 月 28 日，利丰贸易公司在广州创立。公司名称取自创办人李道明和冯柏燎二人姓氏的谐音，寓意"利润丰盛"。彼时的利丰经营的业务较为单一，以外销陶瓷为主。到了 20 世纪 20 年代，利丰的业务逐渐多元化，先后开设了轻工艺厂及仓库。① 20 世纪 30 年代，利丰已成为广州一家

---

① 冯彦邦．百年利丰：跨国集团亚洲再出发［M］．2 版．北京：中国人民大学出版社，2011：10－20.

颇具规模的出口贸易公司，除了大批量的采购业务，利丰还拥有藤器厂、爆竹厂和陶瓷窑，在全国各地的分支机构更是多达 22 个。[①] 到了 30 年代中期，广州的商业贸易受战争影响而变得动荡，由于发展受到阻滞，利丰将业务重心迁移到了香港，自此开启了在香港百年基业的新篇章，利丰的掌舵人也从冯氏一代逐步过渡到第二代。

1937 年 12 月 28 日，利丰（1937）有限公司正式在香港注册创立。初期，利丰在香港的主营业务仍是进出口业务，将收购的朱漆、藤器及酸枝家具出售给一些外资洋行。随后第二次世界大战爆发，利丰抓住了蕴藏在战争背后的机遇，通过出口港制手电筒实现溢利。1942 年，日本占领香港，为了保障家人的安全，冯氏一族选择逃离香港。直到 1945 年，日本宣布无条件投降，冯汉柱才赶回香港重掌利丰的产业。为顺应香港的工业化转型浪潮，利丰及时调整了公司的经营方向，由原先的转口贸易转变为本地出口。通过分散产品经营组合，利丰保证了公司出口业务的稳定增长和周转资金的充裕。

20 世纪 60 年代末 70 年代初，冯氏第三代陆续加入利丰，他们认为，上市是利丰实现从传统的家族企业向现代企业转型的最重要也是唯一的途径。1973 年 3 月，利丰有限公司成立，并于同年 3 月 27 日发出招股章程，获得了高达 113 倍的超额认购。1973 年 4 月 17 日，利丰正式在香港联交所挂牌上市。然而，自 20 世纪 70 年代末开始，香港面临着政治和经济的大动荡，为更好地应对挑战，冯氏兄弟将利丰重新私有化。经过业务精减、架构重组、采购网络扩张等一系列的调整后，利丰迈上了新的发展台阶。1992 年邓小平视察南方期间发表重要谈话，中国随即进入对外开放新时期，冯氏兄弟认为这是一个不可错失的好机会，便筹划将利丰的出口贸易业务重组上市，同年 7 月 1 日，利丰出口贸易业务以"利丰有限公司"名称于联交所挂牌上市。[②]

---

① ［英］哈特臣. 锦霞满天——利丰发展的道路［M］. 黄佩仪，等译. 广州：中山大学出版社，1992：26.

② 冯彦邦. 百年利丰：跨国集团亚洲再出发［M］. 2 版. 北京：中国人民大学出版社，2011：10 – 20.

利丰贸易重新上市后，在第一个三年计划中交出了优秀的答卷，超越了当时香港最大的贸易公司——英之杰采购服务。为开拓多元化出口市场，利丰贸易展开了一系列大、小型的收购，最重要的当属先后兼并英之杰、太古贸易有限公司、金巴莉企业有限公司以及科乐比（Colby）集团。[①] 通过系列收购活动，利丰贸易的供应链实现从代理业务至产品供应链业务的延伸，采购网络、经销网络覆盖范围和客户群体得到进一步的扩展，生产和服务效率显著提升，其盈利能力达到了一个新的高峰。

在利丰贸易快速发展的过程中，有非常重要的一个组成部分——利和经销。利和经销由利丰经销收购英之杰亚太区的市场推广业务后重组诞生，于2004年在香港上市，核心业务包括利和商务、利和物流以及利和制造。与以往传统的业务模式不同，利和经销采用综合分销业务模式，通过构建以物流为核心要素的端对端价值链，提升供应链效率，实现价值优化。利和经销遵循"内外两手抓"的策略要求，对内专注于建立新的合作并扩大与已有的主要客户的合作关系，对外积极开展收购活动。利和经销在第三个三年计划内得到了快速发展，尤其是物流和分销网络方面，成功拓展到英、美等地区。2010年，为了更好地协同利丰的业务架构并为利丰贸易的增长战略提供支持，利和经销被重新私有化。利丰经营业务的历史变迁如表8-1所示。

表8-1　　　　　　　　　　　　利丰的经营业务

阶段	时间	经营情况
初创	1906~1907年	以外销陶瓷为主，随后增添了竹器、藤器、玉石、象牙等手工艺品以及烟花爆竹
	20世纪20年代	通过与怡和洋行的生意往来，将竹器藤具、酸枝家具等销往欧美
	20世纪30年代	除大批量的采购业务之外，还拥有自己的藤器厂、爆竹厂和陶瓷窑

---

① 利丰研究中心. 供应链管理：利丰集团的实践经验 [M]. 香港：三联书店（香港）有限公司，2003.

续表

阶段	时间	经营情况
扎根	20 世纪 30 年代后期起	主要从事进出口业务，将收购的朱漆、藤器及酸枝家具出售给一些外资洋行
	20 世纪 40 年代后期起	由原先的转口贸易转变为本地出口，塑料花是其当时主营的本地出口产品；纺织品以及传统的藤器家具、烟花爆竹等产品的出口业务继续保持
上市	20 世纪 70 年代起	出口贸易以纺织、成衣为主线，合作对象包括 GAP、The limited 等。辅线则是除主线业务以外的杂项，以玩具产品为主；"供应链管理"的雏形逐渐形成
	20 世纪 80 年代中期	业务延伸至零售业，先后启动 OK 便利店和玩具反斗城项目
	20 世纪 80 年代后期	经销的产品涵盖了手工艺品、纺织、玩具等多种类目，并且投资了制造行业的多家企业和航运业，还建有多家自有工厂，其所经营的业务范围涉及进出口贸易、制造业、航运等多个领域
扩张	第一个三年计划	收购英之杰，多元化公司的出口市场
	第二个三年计划	对英之杰的组织架构进行合并，吸收其原有的客户和海外采购办事处，建立快速采购基地，迅速扩大公司的全球采购网络覆盖范围，营业额也由此得到大幅跃升
	第二个三年计划	开展了系列收购活动，一方面，对大型公司进行战略性收购，利用这些公司原有的客户关系网络开拓新的市场和业务；另一方面，通过收购小型公司以获取新的专业化技术和能力，从而拓宽业务范围

资料来源：笔者自行整理。

（二）百年利丰的新征程

自 1906 年起，利丰已走过 110 多年的时光。在这百年风云中，利丰经历过战乱、变革。当年沙面一家不起眼的铺位，而今已成长为全球范围内的消费品供应链先驱，集团于全球 40 多个国家和地区设立 350 多个办事处，聘用员工超过 26000 人，业务涵盖全球消费品市场的供应链管理，包括贸易、物流、分销和零售。执掌利丰的冯氏家族也历经了几代人的更替，现如今，利丰改革的接力棒已传递至第四代"准接班人"冯裕钧的手里。

在各类科技发展的加持下，市场信息透明化程度愈发加深，越来越多的零售商和品牌商自发与工厂进行直接合作，互联网电子商务的去中介化更是使贸易相关行业发生了天翻地覆的变化。科技与环境不断改变，新零售改革、移动支付普及、人工智能快速发展，加上中美贸易的不确定性、新冠病毒的冲击，全球供应链正面临重塑的局面，利丰也面临巨大的挑战。

面对风险和挑战，利丰决定分两条路线开启变革：一方面精减业务；另一方面聚焦端对端的数字化供应链的建设。在业务版图的优化方面，利丰先后出售了旗下亚洲消费品及健康保健用品的分销业务以及家具、美容产品和毛衣三大产品业务，利邦控股也于 2017 年被如意集团收购。在供应链数字化改革方面，冯裕钧主导创造以"速度、创新、数字化"为主的"未来供应链"。在这一方针的指引下，利丰将产品的周期缩减了 60%，从行业平均40 周降至 21 周。同时，利丰还着手建立一个覆盖多个国家的采购及生产数字化平台。

为了更好地进行深化重组，利丰于 2020 年 5 月 27 日完成私有化退市。卸下了经营业绩报表的外在压力后，利丰专注于数字化转型。为了更从容地完成改革，利丰寻找到了新的合作伙伴，接受了来自京东的 1 亿美元战略投资。京东完善的以数字技术为底层的供应链基础设施以及丰富的线上线下零售资源正是目前利丰所欠缺的，而利丰全球的供应链网络是京东未来发展的目标，二者的合作实现了资源互补和共享。2021 年，利丰还成立了 LFX，这是一个集孵化、投资和营运于一身的业务平台，致力于提供数字化服务的新公司，通过建立数码企业业务及提供创新的数字解决方案和服务，重塑供应链和零售业的面貌。目前 LFX 旗下的业务包括 3D 数字化服务（UNIFi3D）和跨境贸易融资（Air8 昇萃）。前者主要帮助品牌加速数字化产品开发和电子商务开拓的数字化进程，后者则是专门为中小型服装及日用百货供应商提供服务的供应链金融科技公司。利丰发展的重大事件如图 8 - 1所示。

数字化供应链建设，不仅是对利丰的一次改革，也可能会使整个行业发生质的改变。正如冯裕钧所言，利丰转型所面临的挑战如同"愚公移山"。

然而一旦成功，利丰将领跑整个行业，由一家传统的零售及贸易企业蜕变为一家以数据驱动业务的公司，成为"供应链行业的彭博社"。

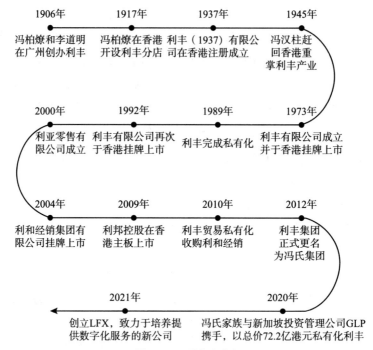

图 8-1　利丰大事记

资料来源：笔者自行整理。

利丰的业务发展阶段如图 8-2 所示，以下将依次介绍。

图 8-2　利丰的业务发展阶段

资料来源：笔者自行整理。

第一阶段：采购代理（中间商）。利丰架起了客户与供应商之间沟通的桥梁，撮合双方买卖并从中抽取佣金。第二阶段：区域性采购公司。利丰的业务开始向供应链的上、下游延伸。第三阶段：无疆界生产（分散生产）计划管理者和实施者。利丰将附加值较高的业务留在香港，而将低附加值的业务分散到其他最合适的区域进行生产。第四阶段：全球供应链经理人（一体化供应链解决方案提供商）。利丰在全球范围内进行供应链的优化配置，负责统筹、跟进整个生产流程以及其他支持性工作，所有产品均外包给其他厂家进行生产。第五阶段：供应链全面数字化。自 2017 年起，利丰进入供应链全面数字化阶段，专注于打造响应速度快、供货周期短、创新的数字化未来供应链。

二、利丰的分销管理模式

从一个简单的贸易中间商，发展为一家跨国的全球商贸集团，如今利丰的供应链管理可以用"极致"二字来形容。利丰集团的分支公司各司其职以协调供应链发挥最大的效能和最高的效率。利丰的全球供应链以满足消费者的需求为出发点，将数千家供应商和领先品牌和零售商联系在一起，一个产品就是一条供应链。从产品设计和开发开始，涵盖原材料和工厂采购、制造控制、物流等方方面面，利丰为消费品供应链中的所有利益相关者提供端对端的服务，利丰集团的供应链管理如图 8-3 所示。

利丰认为，供应链管理是让供应链的运作达到最优化，即用最低的成本使供应链从开端至满足最终顾客的所有流程均能有效地进行操作。利丰的供应链周期可分为三段，上游阶段主要包括设计、采购和生产等，中游阶段主要包括物流和分销，下游阶段则集中于零售。本章将从利丰供应链的上、中、下游以及物流、分销服务、项目小组这 6 个方面展开介绍。

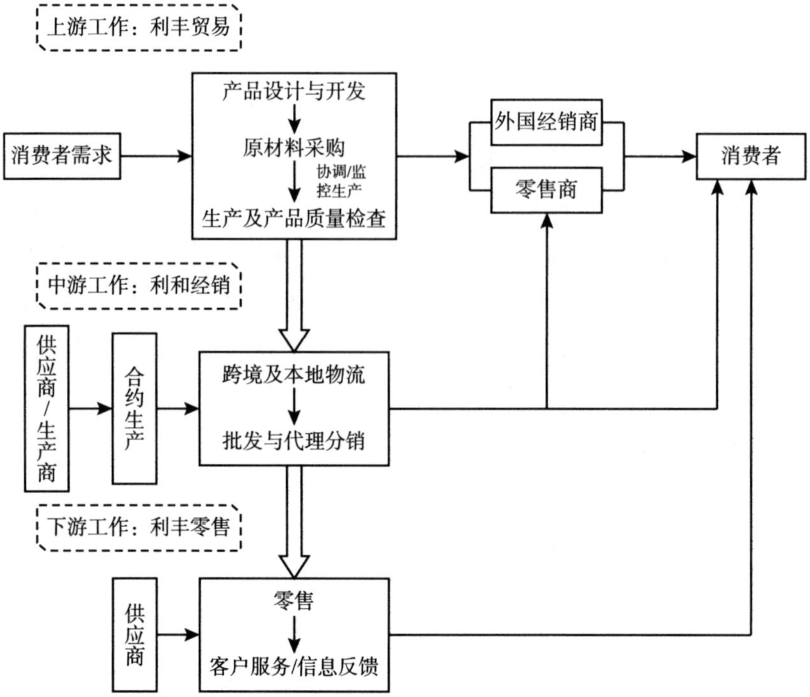

图 8 – 3　利丰集团的供应链管理

资料来源：笔者自行整理。

（一）上游段落

利丰供应链的上游段落由利丰贸易主导，核心业务为贸易采购，欧美市场的零售商为其主要的出口客户，货品采购则以亚洲为主。围绕"以客户为中心"的业务基点，通过对供应链各环节的细分，利丰贸易将具备竞争力的供应商和生产商紧密联系起来，协调和监控采购、生产、运输等活动，采用预定产能的方式来提升生产效率，以拉动式供应链运作模式为客户提供一条效益最大化的供应链，并提供"一站式"的增值服务。

2001 年，利丰贸易成为可口可乐公司的国际供应链合作伙伴，为其提供统一品牌的市场推广策略以及集中提升公司宣传商品的采购能力的业务。在通过协同供应商网络确保可口可乐达到品质、社会道德、安全、创新、效率及成本等方面特定要求的同时，利丰贸易还为可口可乐提供了市场信息调研、产品设计与开发、采购网络、生产流程监管、科技支持等一系列增值服务，为可口可乐提供全面的采购解决方案。具体而言，在宣传方面，2001年的圣诞节期间，利丰贸易基于可口可乐公司提供的图样和初步构思，推出了一款圣诞树的宣传商品，并负责实施生产。利丰贸易在生产过程中严密监控每一个流程以确保不同厂家生产的圣诞树保持一致。从设计、生产到最后投放成品，整个过程利丰只用了 10 个星期。① 在科技方面，利丰协同可口可乐建立了一个采购网站，两家公司可以通过该网站进行高效沟通，利用信息系统优化供应链的运作，促进可口可乐宣传商品的开发与采购。同时，可口可乐也可以依据该网站传递信息及汇总资料，其旗下的成员公司均可通过该网站随时下订单或加单采购。

（二）中游段落

利丰供应链的中游段落由利和经销主导，其业务围绕物流服务、市场推广和批发销售展开，主要为亚太地区的食品、家居用品及医疗用品提供包括营销、物流及制造三项核心业务的综合分销服务。与传统批发商不同，利和经销利用信息系统，收集、处理和运用市场信息，帮助供应商更好地了解市场趋势，根据产品特点和目标受众制定相应的销售策略和计划以谋求双方共赢。

中国的市场极端分散，利和经销的价值链物流的分销模式在传统贸易中极为有效，为美国雅培奶粉开拓中国市场就是一个典型的案例。利和经销借助自身在内地广泛的分销网络和对于产品的专业知识，为雅培量身设计、构建分销网络。初时，利和经销将雅培在内地的分销区域划分为华南、华东、华北和华西 4 个区域，随着市场发展变化后又划分出 9 个区域，分销网络也扩展到 150 个大、中、小城市。② 划分区域后，利和经销在各区建立网点并利用现有的仓储设备设立地区性的中央仓库，与当地分销商的配合使得雅培

---

① 利丰研究中心 . 供应链管理：香港利丰集团的实践 [M]. 2 版 . 北京：中国人民大学出版社，2009：78 - 79.

② 利丰研究中心 . 供应链管理：香港利丰集团的实践 [M]. 2 版 . 北京：中国人民大学出版社，2009：218.

的产品在充分满足市场需求的前提下，以最小的总成本覆盖至最广的市场范围。此外，利和经销还为雅培提供了品类管理、库存管理等增值服务，以提高销售预测和产品流动效率，使分销网络达到更理想的销售效果。同时，利和经销还协助雅培扩大网络、管理分销商、维护重点客户以及调配全国物流，并取得了显著的销售成效：2007 年的销售年复合增长率增长至 50%，销售城市亦由 2003 年初的接近 50 个城市增加到 2007 年底的 150 多个。①

（三）下游段落

利丰供应链的下游段落由利丰零售主导，负责为产品交送至最终消费者的过程保驾护航，OK 便利店和玩具反斗城是其主要业务单元。除优化流程以外，利丰零售还利用信息系统收集并处理与客户相关的数据，通过数据挖掘分析客户需求，并基于此设计和制定产品营销与服务策略；同时提高流程中各环节的匹配程度，提高物流环节的效率，节省成本。

OK 便利店是利丰进军零售业的第一个触点。为应对香港便利店的激烈竞争，利丰将 OK 便利店的受众定位为居住在新市镇屋村的居民，并且根据老顾客以及附近居民对日用必需品的消费偏好出售产品。利丰的远见和精准布局使其在香港的零售市场快速站稳脚跟。20 世纪 90 年代后期，由于亚洲金融风暴的猛烈冲击，经营大环境变得愈发恶劣，利丰随即对 OK 便利店实施了一系列改革，包括关闭亏损门店、重新制定长期的业务发展策略和计划、推出 STF 优质服务计划、引入供货商伙伴计划等。OK 便利店的业务发展模式由传统的营运主导转变为以顾客需求主导，店铺位置、商品组合、定价等均由顾客需求确定，做到让顾客进出容易、选择容易、决定容易、付钱容易。同时重视顾客满意度，通过定期的市场调研优化售后服务、提升响应速度。

加强和改善供应链管理也是 OK 便利店的工作重点之一。在供应链系统管理下，所有货品由 OK 便利店总部向供应商采购，然后通过供应商直接配

---

① 利丰研究中心. 供应链管理：香港利丰集团的实践［M］. 2 版. 北京：中国人民大学出版社，2009：219.

送或仓储配送的电子系统配送到各门店，存货时间由传统管理模式的 7 天降为 0 天，大幅降低了便利店的仓储和人力成本，同时避免出错。除了建立高效的物流体系以外，OK 便利店与各类货品的主要供货商通过"供货商伙伴计划"共享资源，分担风险及成本，从而达到更高效率、更低成本的营运模式。

（四）物 流

在利丰的物流中，价值链物流的战略地位至关重要。所谓价值链物流指的是"为客户指挥和协调其供应链，通过物流操作为其供应链增值"。[①] 价值链物流模式使得利和经销不仅仅是一家以满足客户需要为主的第三方物流公司，更是一个能够以"中立管理者"的角色为客户整合生产、运输、仓储、加工、配送、信息等方面的第四方物流，可以为客户提供多功能的综合服务。利和经销给予第四方物流一系列的"虚拟物流"，即利和经销利用信息网络技术运作与管理物流，实现企业间物流资源共享和优化配置。在此模式下，利和经销不直接拥有任何货仓、车队等资产，而是集合信息技术和国际业务，将全球的物流合作伙伴联结起来，形成一个覆盖全球的物流网络。"虚拟供应链"则是在"虚拟物流"和"虚拟生产"相结合的基础上产生的一种极具灵活性的虚拟企业协作网络，响应客户需求的时间短，能够快速、高质地为客户提供最优方案。利和经销的物流服务除了储存和运输，还包括包装、上卷标、组合销售包等增值服务，并结合内部系统和基于互联网的货品追踪系统，满足客户实时、准确了解信息的需求。

（五）分 销 服 务

作为供应链管理公司的分销渠道体系主导方，利和经销诞生于传统分销行业的底层。面对边际利润降低、盈利收缩的行业寒冬，利和经销开发了区别于传统分销行业的综合分销模式。在以往的分销行业中，由供应主导的模

---

① 利丰研究中心. 供应链管理：香港利丰集团的实践 [M]. 2 版. 北京：中国人民大学出版社，2009：118.

式较为常见，即分销商担任品牌代理人，负责将产品推广并渗透到目标市场。而自 20 世纪 90 年代起，现代消费主义的兴起使得市场的关系发生了改变，不再是供应主导，而是转变为需求主导。原本供应主导模式的弊端也愈发凸显：响应周期长、地区政策差异、服务费过高、产品流程效率低等。基于此背景，利和经销转变业务重点，聚焦于服务增值和风险降低。同时，利和经销重塑了"价值链物流"这一概念。价值链物流是基于物流的一站式综合分销服务平台，借助物流将从制造到物流再到营销的各项服务领域串联起来，形成一条从工厂到零售的端对端价值链，客户能够选择自身需要的单项服务并进行灵活组合，从而大幅提升效率、降低成本。供应链中的运输与储存管理如图 8-4 所示。

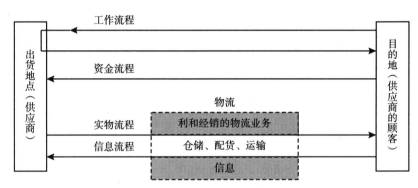

图 8-4 供应链中的运输与储存管理

资料来源：笔者自行整理。

利和经销并不拥有自己的品牌，而是专注于推销生产商或品牌持有商（供应商）的产品。主要分销产品为快速流转消费品（如食品、家居用品、服装及杂货等）和医疗保健产品。发行渠道主要是包括中国在内的亚太地区的大卖场、超级市场、便利商店、小商店、药房、诊所和医院等。利和经销的分销网络的地理覆盖面较广，能够使其服务的产品快速进入市场，并为客户匹配相应的销售策略和渠道、定位产品的市场及建立品牌。利和经销的本土分销如图 8-5 所示。

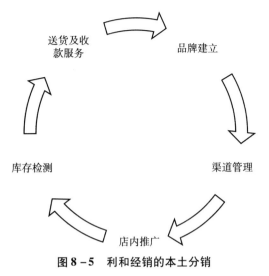

图 8 - 5   利和经销的本土分销

资料来源：笔者自行整理。

　　为了更好地联系地区伙伴，除了提供传统的销售和营销服务外，利和经销还向客户提供自研软件技术作为附加服务为客户提供最新的销售信息。利丰为与其合作的批发商安装了数据管理系统便于进行销售数据统计，帮助客户了解批发销售情况。除此之外，市场人员会定期对零售商进行上门访问，通过掌上计算机记录第一手的销售情况和市场信息，了解公司、合作批发商及竞争对手的表现和市场趋势，并调整、制定新的供销策略。利和经销还为客户提供"分类自选服务"，即客户可以从服务清单中挑选适合其业务的服务组合，利和经销则根据每项的要求和风险来制定服务的价格。

　　利和经销的业务模式包括销售服务、市场服务和供应链管理服务三种，供应商可依据自身需要选择服务类型。利和经销还以客户需求为出发点将供应链向上延伸，采用合约生产的模式为客户代生产或加工产品。此外，利和经销还合作参与产品的开发和改造工作。

　　借助利和经销广泛的销售网络和客户资源，供应商的产品快速进入市场并保持供应量的充足。利和经销还会根据不同产品的特点以及目标受众，提供定制化产品促销方案，以提高销售成效。与传统经销商等待零售商下单的模式不同，利和经销依赖由当地销售人才组建的本土销售网络与各种零售业态合作，提供市场推广、品牌建立、品类管理、销售渠道管理和拓展等服务帮助产品快速进入市场的各个角落。

利丰的分销业务可以分为四条路径，如图 8-6 所示。第一条路径贯穿了利丰创办、发展的始终，即接收国外市场的需求，按照需求将国内生产的商品输送到国外进行销售。第二条路径是通过各类市场营销、品牌推广、物流、库存、渠道管理等方式，协助国外品牌的产品进入国内市场，并建立良好的口碑、扩大销售。第三条路径是利丰依照国际品牌的标准实施本土化生产，并严格把控生产流程中的每一个环节。生产的商品由利丰负责销售渠道的管理、市场的开拓、售后跟踪等一系列商业化操作。第四条路径是利丰将设计的产品在国内（主要是内地市场）进行生产、销售，实现"本土化产销一体"。

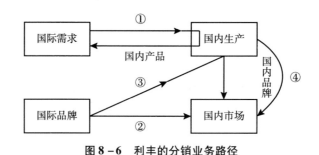

图 8-6　利丰的分销业务路径

资料来源：笔者自行整理。

（六）项目小组

利丰组织架构秉持着"像大公司一样思考，像小公司一样行动"的原则，设立规模较小的产品部门，每一个部门就相当于一家公司，由各自的部门主管负责，所有与客户业务相关的决策，例如生产厂商的选择、发货管理等都受部门主管掌控，职员的招聘也由各部门自主决定。依据采购、物流、信息技术支持等工作性质，各部门自主建立不同的专门小组进行专业化作业，后勤服务等则由利丰总部提供。

2010 年，为了更好地配合利丰贸易的发展，利和经销被重新私有化。

合并后的服务平台基于信息技术，围绕客户需求建立特定的项目团队（小组），匹配合适的供应商，通过一系列的统筹安排，搭配形成不同类型的服务要素组合供客户采用。利丰的管理信息系统不仅能对公司内、外部的信息进行整合，还可以与公司的客户、厂商、物流公司等合作伙伴建立即时的沟通和交流，缩短了供应链成员的反馈时间，并依靠这些信息拉近了业务伙伴之间的关系。

三、面临的挑战

（一）外部环境冲击，全球供应链受阻

全球范围内的新冠疫情让贸易行业遭受了巨大冲击，供应链大面积中断、订单积压，分销业务领域的收益受到了显著的负面影响：第一，疫情导致全球部分地区工厂停工、产能不足，原材料的价格因此出现快速、大幅的上涨，各产业之间的供需关系使得供应链下游库存位于低位，导致合作受阻。第二，疫情限制了聚集性和规模性的生产，加之工业化国家劳动力短缺的制约，中间产品的供给出现中断甚至终止。第三，作为供应链尾端的零售业，如传统的实体百货商店，一向是"人流量为王"的商业形态。新冠疫情使得实体商店的人流量大幅减少，进店率的降低直接导致销售额的急剧下滑，为避免进一步损失，很多品牌闭柜、撤柜甚至破产清算，供应链相应环节的订单也因此减少。第四，因检疫和防疫要求，全球贸易的运转受阻，跨地域的采购和运输能力受挫，导致供应链效率降低。

（二）新分销模式出现，传统分销商优势弱化

事实上，除了新冠疫情这一突发性事件造成的冲击，分销行业早已面临严峻的挑战。全球贸易一体化、互联网电商带来的去中介化，都令贸易相关行业出现了翻天覆地的变化。哪怕根基深厚如利丰，也经受了不小的打击。例如，以 SheIn 为代表的新型跨境电商的出现，被市场证明是更有效率的快时尚模式，利丰主营的服装行业也面临着大变局。

　　过去的传统价值链往往是产销分离或先产后销，产品需要经由分销商的集散分销和营销来突破地域限制以尽可能多地售出，各级分销商担任买卖活动的媒介并从中赚取差价。而今，网络和全球供应链能力的日益成熟，去中介化变成新趋势。借助互联网平台的连接，生产商和供应商完全可以通过自我媒介最快地接触广泛的消费群体，不再需要有中间人做信用背书。厂商的生产方式由"推"转为"拉"，即先有需求再有生产，不仅可以实现零库存甚至能够做到负库存，这就导致了传统的分销商逐渐被边缘化。

　　电商分销亦称网络分销，与传统的线下分销不同，该模式是基于网络平台展开的。通过各类2B、2C电商分销平台，厂商能够更便捷地实现产品分销，且这一过程中的信息是透明和共享的，渠道管理更容易监控，管理成本也更低，就电子商务分销商而言还省了店面费、库存费等成本。在电商分销模式下，分销商只需要专心做好前台运营，是零风险的代理模式；而供应商负责品牌推广、产品订货、产品图片及描述、信息系统、物流配送及售后服务，分工合作，优势互补。供应商和分销商实时共享货品库存，能更好地控制库存率。

（三）数字技术变革，供应链模式改写

　　大数据、人工智能、云计算、物联网、边缘计算、区块链等数字智能技术的发展推动了供应链变革。数字化体系迅速在各行各业占领重要位置，供应链原本的"串联"模式被改写，"并联"模式成为当下供应链数字化的大势所趋。供应链的数字化可以为企业提供数据，可以帮助提取商业价值、掌握正确信息，从而做出正确的抉择。及时、正确的信息可以有效地保持竞争优势，获得更大的收益。企业通过数字化科学技术实现供应链的无缝连接，使得信息得到及时有效的传递，从而能够反馈出供应商及客户的各项需求，有效控制不必要的成本风险，以达到物流效率。

　　以利丰为例，"速度、创新和数字化"是其三年战略中的改革重心。同时，利丰明确指出，在为市场提供服务的过程中，移动应用程序与实体店一样重要。具体而言，利丰通过匹配数字化解决方案来缩短生产周期，提高产品的上市速度，并对其在全球供应链中的数据使用进行优化。公司在确定目

标后会匹配相应的数字工具,例如在服装产品方面,利丰应用了虚拟设计技术,该技术将从设计到出样品的时间减少至原来的50%。利丰为供应商安装实时数据跟踪管理系统,以提高生产效率,并建立了整合客户和供应商信息的数字平台(total sourcing)。

四、利丰模式的启示

(一)构建强大的信息系统,优化流程、促进协作

供应链企业在信息化建设上往往容易忽视信息交互具有的独特作用。"利用信息技术优化供应链运作"是利丰供应链管理的重要理念,利丰则以此为出发点,构建了一个以内、外联网为主干的信息系统架构,实现了与生产商、供应商、采购企业、物流等供应链上各节点企业的高效互联。利丰的内联网系统能够让全球员工即时共享工作信息、传递文件资料,还具有订购查询、各类信息发布等功能,此系统能够有效提升员工的工作效率,并且强化跨部门、跨职能之间的协作。利丰的外联网系统围绕产品开发、订单处理和生产控制三项工作展开建设。在电子商贸系统内,采购企业可以随时查阅产品信息并进行快捷的产品采购和流程跟踪,供应商则可以在此系统内发布产品推广信息。在生产数据管理系统内,供应链各环节的订单、保险、运输等文件资料在此进行准确传输和交换处理,同时数据历史会被留存作为权责追溯或合作关系促进的依据。在订单追踪系统内,可以实时查询并更新订单信息,员工亦可针对进入的新订单制作订单追踪工作表,并通过系统对每一项与生产有关的工作进行监察和审批。上述三个系统之间可互通数据信息,并能快捷传送至供应链各环节的企业成员。

从利丰的实践中可以看出,强大的信息系统能够有效地节约人力、物力和财力,在促进各类信息流、商流等的快捷传送与交互中优化供应链运作效率,并使得供应链各节点的业务伙伴建立更为紧密的合作关系。

(二)依托数据中台对信息的处理,重构企智、突破瓶颈

利丰从一家传统的贸易中间商成为如今的全球供应链管理巨头,得益于

其善用信息资讯加快经营效率，以"信息"代替"库存"，最大化发挥数据的价值，省去价值链中的时间和成本，利用流程管理和信息系统去优化供应链的运作。利丰很早便着手构建数字平台，收集从原材料到消费者这一整条供应链上所有利益相关者的数据信息，基于数据分析结果，在价格、质量、流动资金、库存等方面做出更好的决策。例如，基于客户信息，利丰将客户依照偏好、市场类型等进行细分便于及时发现并满足客户需求；基于供应商信息，利丰将业务范围、工作流程等进行筛选、组合，形成了快速响应、分布广泛的供应商网络；基于业务财务融合的管理会计信息，利丰能够从全球范围内搜寻最佳原料，交由成本最低、生产质量最高的厂家完成生产，再通过物流整合，最终配置出一条成本最低的供应链。利丰利用数字平台管理数据、分析数据，以此为基础进行消费者需求预测，创新产品设计，组织生产计划制定，综合物流管理等服务，提升供应链运作效率。自 2017 年起，利丰的数字平台还在服装业务方面引入 3D、云储存、人工智能、区块链等全新技术，不断丰富数据形式，创新数据应用模式，提高数据利用效率，贯通从原材料到消费者这一过程中的所有数据，推动整个供应链数字化。

利丰供应链环节的每一次延伸，都是对信息的搜集、理解与重构，在持续的数据积累与应用的更新中，利丰不断挖掘出隐藏的商机并引领企业未来业务模式的发展与转型。而在当前的大数据时代，企业更应充分利用现代信息技术捕捉包括供应商、客户需求、全球交易情况等在内的各类动态信息，利用数字化工具对客户需求做出快速响应，并及时进行数据的解构与重构，充分发挥供应链各环节积累的大数据效应，重构"企业智慧"突破发展瓶颈，建立新竞争优势。

（三）重视本土化发展，由单一的生产本土化转向内销市场本土化

利丰的总部设在香港，早期其供应链的所有环节均在香港完成，随着改革开放等一系列政策的实施，利丰将部分供应链的生产转移到了内地工厂。尽管如此，由于区域和商业的约束限制，加上内地企业开始竞争利丰的业务，为国际客户提供更低的价格，利丰的发展一度受阻，经济效益也有所损失。为了扭转这种局面，利丰积极地在新的地理区域发展新的核心业务，并

不断拓宽其业务管理范围。"物流集散中心"则是利丰对内地投资的重点。利丰先后在广东、上海等地建立批发集散中心，利用集团拥有的国际关系网络，搭建设施完备的生产和分销基地。其中，大型的投资主要有四项，包括广州番禺的利丰商贸城和广东鹤山的利丰食品城，以及湛江、上海的货仓。

　　早先的利丰只是单一的生产本土化，即承接代加工业务，或将本地生产的产品出口到国外，主要包含利丰贸易的采购业务（成衣和家具、礼品、玩具等硬货）及利和经销的市场营销（高端快消品、医药和保健品等）和物流两项业务。随后才逐渐开始重视本土市场的开拓。早在 2000 年，冯国经在一次公开演说中明确指出，将在内地生产的产品供应给内销市场将是香港企业（制造业）下一阶段发展的关键。OK 便利店、圣安娜饼屋、玩具反斗城、Branded Lifestyle 等都是利丰在内销市场的一次次尝试，其中最具代表性的是利邦男装。利邦男装在内地销售的男装由外包工厂进行生产，其中一半由欧洲、中国香港和日本工厂完成，另一半技术含量较低的由国内工厂完成，最终高技术的完工工序则由香港地区的工厂完成。完成后的服装产品通过 CEPA 的零关税优惠进入内地。为了更好地融入本销市场，利丰将部分业务转移到深圳，中国香港总部只承担"神经中枢"的作用。利丰还收购了上海的一家饮料厂，并将其改建为集团在华东地区的总部，以便更好地统筹业务。2011 年，利丰亚洲成立，旨在将利丰美国的商业模式复制到以内地市场为重心的新兴亚洲市场，大规模发展在内地的本销业务。

　　近年来，连锁经营的综合商超扩张迅猛、以李宁为代表的国货品牌崛起、零售商品向优质进口品等高价货品转型等都表明内销市场潜力巨大。由利丰为了争取本销市场而采取的一系列举动可以看出，内销市场本土化是企业未来竞争的一大重点。对于供应链企业而言，推动外贸转内销、开拓新的市场渠道是应对当前世界经济形势和国际贸易状况、化解新冠疫情这类突发困境的有效举措。

（四）管理模式"因企制宜"，建立兼具灵活和竞争力的组织营运架构

　　利丰秉持着"以客户为中心"的原则建立了与企业运作相辅相成的组织营运架构。在利丰，产品部门是基本的运作单位，是依照特定客户需求划

分的，且独立运作。每一个部门集中服务于一个客户或是体量较小但需求相同的客户群，为客户量身打造专属的价值链。部门内的员工均由部门经理自主选聘，按照技术支持、采购、审批销售等职能划分成几个专门小组以提供专业化工作支持，这些小组可以分散在各个地区便于更好地处理业务。每一个部门就像一家小企业，部门经理拥有充分的管理和营运决策权以快速响应客户需求的变化。利丰总部则为各部门提供信息技术、人力资源、行政、物资等各类基础后勤保障。

利丰这种横向综合的组织结构，同时具备了良好的稳定性和适应性。将权力下放到各部门有助于公司最高领导层脱离繁杂的日常行政事务而更有效地投入经营工作中，同时能够激发基层管理者的工作积极性和创造性，有利于发掘和培养储备管理干部。小规模的运作结构更具机动性和灵活性，可随业务需要进行快速组合、更替或解散。利丰的"小团体"组织结构增强了内部信息的交流，克服了传统组织结构脱节的弊端。既规避了大公司官僚主义的缺点，发挥了小公司专业化的优势，辅以总部提供的后期支持，又能以更快的市场响应速度促进项目实现。

（五）保持开放的经营理念，不断完善供应链布局

利丰在经营过程中持续制定"三年计划"，然而，该计划并非一成不变，乃是随着外部环境的变化适时调整。例如收购 Colby 集团并非利丰计划内的事项，但利丰评估后认为此举有利于公司的长远发展，便立即开展了收购活动。为应对 B2C、B2B 等新营销模式的冲击，利丰一方面利用互联网技术低成本的特点，与中小型企业客户形成合作关系；另一方面主动拥抱数字化，运用数字化技术构建了多种信息系统，推动全供应链的数字化，实现供应链的快速反应，构建真正的"全渠道"营销和数字化新零售，创新商业模式，为员工"赋能"。

利丰的成功经验表明，企业需保持开放的心态，不断开拓新的客户资源，只要是客户需要的、对自身发展有利的，都要快速做出反应，根据市场最新的潮流趋势，设计和开发符合市场需求的产品。而且并非每一次都是"自力更生"，也要适时借助收购等活动快速吸收优势以壮大自身力量。保

持开放的经营理念，需要依照"国情""行情""企情"来不断调整自身的组织结构、商业模式和治理机制。对于内地企业而言，在密切关注各类政策变化的同时尤其要关注国内需求的变化，以需求拉动生产。例如，新生代的需求与以往不同，其更追求创新、特立独行、崇尚环保，因此从原材料采购起就要注重特定的要求，以便获取更好的经营效益。

　　走过百年历史的利丰，几经叱咤风云，也曾多次岌岌可危，但都能越过险阻难关，其秘诀就在于勇于变革，而今的利丰也正在进行新一轮的变革。世界一直在变，唯有走在变革的先锋队，专注自身领域的提升，方能获得成功！

参 考 文 献

[1] 包振山，朱永浩．日本流通政策的演变及对我国的启示 [J]．中国流通经济，2019 (2)：38 - 48.

[2] 鲍林．渠道界面和谐：动态的观点 [J]．中国市场营销，2010 (5)：31 - 34.

[3] 曹煜丽．分销渠道冲突管理文献综述 [J]．江苏商论，2018 (11)：11 - 13.

[4] 陈华．中国批发业投产出效率的空间比较研究——基于超效率 DEA 模型的分析 [J]．黑龙江工业学院学报，2018 (10)：73 - 77.

[5] 陈剑，刘运辉．数智化使能运营管理变革：从供应链到供应链生态系统 [J]．管理世界，2021，37 (11)：227 - 240.

[6] 陈立之．胜在交际　赢在生意 [M]．南昌：江西美术出版社，2017.

[7] 陈涛，李习平，姜丽楠．企业的分销渠道管理创新 [J]．中国流通经济，2001 (5)：53 - 55.

[8] 陈涛，赵军．中国企业营销渠道冲突与管理战略研究 [J]．商业经济与管理，2004 (6)：4 - 7.

[9] 陈学工．流通决定生产论 [J]．开放时代，1987 (2)：20 - 24.

[10] 陈杨，郭松明，高杨．互联网经济对流通业发展的影响——基于交易成本的中介效应 [J]．商业经济研究，2019 (22)：23 - 25.

[11] 程大涛．基于共生理论的企业集群组织研究 [D]．杭州：浙江大学，2003.

[12] 迟瑞芹，葛金田，刘明军，高静．物联网环境下智能型服装批零集散平台建设 [J]．上海纺织科技，2012 (8)：21 - 24，31.

[13] 笪秉宏．科特勒的分销渠道理论在报业中的应用 [J]．芜湖职业

技术学院学报，2006（3）：67 - 69.

　　［14］丁俊发. 供给侧结构性改革下流通业的先导作用 ［J］. 中国流通经济，2017（2）：3 - 9.

　　［15］丁晓杉. 基于演化博弈论的营销渠道合作竞争关系分析 ［J］. 商业时代，2010（2）：40 - 42.

　　［16］董志刚，徐庆，马骋. 电子商务环境下双渠道供应链的制造商分销渠道选择 ［J］. 系统工程，2015（6）：26 - 33.

　　［17］窦红宾，王超，李海绒. 知识资本、资源获取对新创企业绩效的影响 ［J］. 企业经济，2013（1）：47 - 50.

　　［18］杜晓静，王伟. 基于关系视角的渠道冲突管理机制及对策探讨 ［J］. 商业经济研究，2014（15）：52 - 53.

　　［19］段崇文，吴锋，柳中波. 渠道冲突的评价与解决方案 ［J］. 价值工程，2007（11）：58 - 60.

　　［20］范小军，陈宏民. 分形供应链的自组织模型研究 ［J］. 中国管理科学，2008（6）：61 - 66.

　　［21］方刚. 互联网时代，深度分销如何进化？［J］. 中外酒业，2018（7）：11 - 13.

　　［22］冯邦彦. 百年利丰：跨国集团亚洲再出发 ［M］. 2 版. 北京：中国人民大学出版社，2011.

　　［23］冯德连. 中小企业与大企业共生模式的分析 ［J］. 财经研究，2000（6）：35 - 42.

　　［24］冯锦军，谷娟. 商场服务业顾客满意度影响因素的实证考察 ［J］. 统计与决策，2013（18）：89 - 92.

　　［25］［英］克里斯廷. 格罗鲁斯. 服务管理与营销 ［M］. 3 版. 韦福祥，等译. 北京：电子工业出版社，2008.

　　［26］葛存山. 论电子商务环境下分销渠道的革新 ［J］. 电子商务，2003（3）：62 - 65.

　　［27］龚诗婕，吕庆华. 营销渠道合作关系的演化博弈分析 ［J］. 商业时代，2014（15）：47 - 49.

[28] 顾明，孙永正. 日化行业分销渠道建设的蓝海思维 [J]. 企业活力，2007 (6)：54 - 55.

[29] 郭宁，梁雄健. 组织生态学与企业生态学的发展研究 [J]. 现代管理科学，2005 (6)：23 - 25.

[30] 郭秋云. 我国家电企业分销渠道问题研究 [J]. 现代工业经济和信息化，2012 (20)：71 - 72, 75.

[31] 郝海，时洪浩. 供应链企业的生态关系与协同进化 [J]. 商业时代，2008 (30)：17 - 18.

[32] 何帆，秦愿. 创新驱动下实体企业数字化转型经济后果研究 [J]. 东北财经大学学报，2019 (5)：45 - 52.

[33] 贺昌政，都东跃，朱艳. 冲货现象与分销渠道双赢管理 [J]. 经济体制改革，2002 (2)：157 - 160.

[34] 胡斌. 基于复杂系统理论的企业生态系统动态演化研究 [J]. 商业研究，2008 (11)：77 - 81.

[35] 胡斌. 企业生态系统的动态演化及运作研究 [D]. 南京：河海大学，2006.

[36] 胡青. 数企业数字化转型的机制与绩效 [J]. 浙江学刊，2020 (2)：146 - 154.

[37] 黄勇，周学春. 平台企业商业模式研究 [J]. 商业时代，2013 (23)：23 - 26.

[38] 惠宁，陈锦强. 中国经济高质量发展的新动能：互联网与实体经济融合 [J]. 西北大学学报（哲学社会科学版），2020 (5)：47 - 61.

[39] 纪良纲，王佳渓. "互联网 +" 背景下生鲜农产品流通电商模式与提质增效研究 [J]. 河北经贸大学学报，2020 (1)：67 - 75.

[40] 贾芙蓉. 高科技企业分销渠道的选择 [J]. 温州大学学报，2001 (4)：34 - 37.

[41] 解学梅. 企业协同创新影响因素与协同程度多维关系实证研究 [J]. 科研管理，2015 (2)：69 - 78.

[42] [美] 科特勒，阿姆斯特朗. 科特勒市场营销教程 [M]. 俞利军

译．北京：华夏出版社，2000．

[43] 雷彬彬，邢冬菊．顾客满意度与财务业绩：基于商业企业的实证分析 [J]．汉江师范学院学报，2019（3）：77-83．

[44] 李彩丽．直播+电商模式在农产品电商中的应用探究——基于中小卖家运营视角 [J]．中国市场，2017（20）：199-201．

[45] 李东方．"互联网+"时代中国流通组织现代化转型研究 [D]．西安：西北大学，2016．

[46] 李飞．分销渠道：设计与管理 [M]．北京：清华大学出版社，2003．

[47] 李飞．分销通路的形成机制研究 [J]．清华大学学报（哲学社会科学版），2003（3）：40-46．

[48] 李飞．中国流通业变革关键问题研究 [M]．北京：经济科学出版社，2012．

[49] 李刚．试论产业集群的形成和演化——基于自组织理论的观点 [J]．学术交流，2005（2）：78-82．

[50] 李海舰，田跃新，李文杰．互联网思维与传统企业再造 [J]．中国工业经济，2014（10）：135-146．

[51] 李怀政．大型网络零售商市场势力及其规制研究 [M]．北京：中国社会科学出版社，2019．

[52] 李克芳．试论国际分销渠道的管理 [J]．北方经贸，2011（3）：65-66．

[53] 李平．基于电子商务时代的电商供应链管理策略探讨 [J]．现代营销（信息版），2020（7）：106-107．

[54] 李钦．论伙伴型国际分销渠道的构建——兼论跨国公司在发展中国家的跨国分销 [J]．现代情报，2004（4）：165-167．

[55] 李锐锋．试析非线性相互作用在系统演化中的地位和作用 [J]．系统辨证学报，1997（4）：26-29．

[56] 李慎恒．分销渠道的战略设计 [J]．经营与管理，2005（8）：36-37．

［57］李慎恒．国际分销渠道的冲突与对策［J］．企业活力，2009（2）：34－35．

［58］李先国．我国轿车业渠道问题探讨［J］．中国流通经济，2008（4）：52－55．

［59］李湘滇．广州跨境电商模式分析［J］．当代经济，2015（15）：106－108．

［60］李小涛，付启敏，宋思颖．基于区块链技术的物流管理研究综述［J］．商业经济，2021（11）：47－50，164．

［61］李耀华．新型跨境进口电商模式及其物流运作方式分析［J］．黑龙江科技信息，2016（1）：161－162．

［62］李义福．我国批发业发展对策研究［J］．中国商贸，2014（1）：84－87．

［63］利丰官网，https：//www.lifung.com/．

［64］利丰研究中心．供应链管理：利丰集团的实践经验［M］．香港：三联书店（香港）有限公司，2003．

［65］利丰研究中心．供应链管理：香港利丰集团的实践（第二版）［M］．北京：中国人民大学出版社，2009．

［66］梁春晓，林慧丽．网络零售［M］．北京：清华大学出版社，2011．

［67］梁春晓，盛振中，潘洪刚，罗堃，阿拉木斯，薛艳，等．电子商务服务［M］．2版．北京：清华大学出版社，2015．

［68］梁磊，邢欣．论组织生态学研究对象的层次结构［J］．科学学研究，2003（1）：38－45．

［69］梁鹏．批发业转型的战略选择——以日本食品批发业为例［J］．中国流通经济，2013（6）：86－91．

［70］梁强，邹立凯，宋丽红，等．组织印记、生态位与新创企业成长——基于组织生态学视角的质性研究［J］．管理世界，2017（6）：141－154．

［71］梁燕．顾客满意度研究述评［J］．北京工商大学学报（社会科学

版），2007（2）：75-80.

［72］［美］琳达·哥乔斯，爱德华·马里恩，查克·韦斯特. 渠道管理的第一本书［M］. 徐礼德，侯金刚，等译. 北京：机械工业出版社，2013.

［73］刘军琦. 我国批发业与美、日批发业的比较分析［J］. 四川经济管理学院学报，2008（1）：8-9.

［74］刘林青，谭畅，江诗松，雷昊. 平台领导权获取的方向盘模型——基于利丰公司的案例研究［J］. 中国工业经济，2015（1）：134-146.

［75］刘林艳，宋华. 服务化商业模式创新架构与要素研究——以利丰为例［J］. 管理案例研究与评论，2014，7（1）：22-33.

［76］刘涛. 我国"互联网+流通产业"发展的突出问题及建议［J］. 经济纵横，2016（9）：47-52.

［77］刘向东，刘雨诗，陈成漳. 数字经济时代连锁零售商的空间扩张与竞争机制创新［J］. 中国工业经济，2019（5）：80-98.

［78］刘亚敏. 大学发展中的开放与封闭：系统论的视角［J］. 现代大学教育，2006（1）：14-17.

［79］刘岩，田强. 我国物流业效率评价及其影响因素分析［J］. 商业经济研究，2019（13）：75-78.

［80］刘宇伟. 营销渠道理论发展及其重心演变［J］. 审计与经济研究，2002（5）：57-59.

［81］刘湲. 福耀集团汽车玻璃美国市场分销渠道优化的策略研究［D］. 上海：华东师范大学，2016.

［82］刘子新，陈菲琼. 企业战略联盟的共生模式浅析［J］. 集团经济研究，2006（13）：58.

［83］龙妍，黄素逸，张洪伟. 物质流、能量流与信息流协同的初探［J］. 化工学报，2006（9）：2135-2139.

［84］卢智慧. 我国农产品分销渠道优化对策研究［J］. 经济纵横，2017（4）：105-109.

［85］陆芝青，王方华. 基于交易成本的渠道决策模型［J］. 商业时代，

2005（8）：49－50.

[86] 吕丹. 基于 AHP 的农产品流通效率指标评估 [J]. 物流工程与管理，2013（10）：122－126.

[87] [美] 罗森布洛姆. 营销渠道：管理的视野 [M].8 版. 宋华，等译. 北京：中国人民大学出版社，2014.

[88] 马秀丽. 新零售生态圈跨企业成本协同管理体系研究 [J]. 中国经贸导刊，2019（11）：126－129.

[89] [美] 穆尔. 竞争的衰亡——商业生态系统时代的领导与战略 [M]. 梁骏，等译. 北京：北京出版社，1999.

[90] 潘福斌. 零售企业共同配送浅析 [J]. 内蒙古农业大学学报（社会科学版），2007（6）：94－96.

[91] 汝楠. 香港利丰集团的供应链模式探究 [J]. 物流工程与管理，2017，39（9）：84－85.

[92] 三金. 探秘 10 大电商模式及背后的商业逻辑 [J]. 中国眼镜科技杂志，2020（5）：21－24.

[93] 申维娜. 零售业全渠道商业模式选择——基于移动电子商务的视角 [J]. 商业经济研究，2016（15）：85－87.

[94] 施炜. 深度分销：掌控渠道价值链 [M]. 北京：企业管理出版社，2018.

[95] 孙红霞，生帆，李军. 基于动态能力视角的知识流动过程模型构建 [J]. 图书情报工作，2016（7）：39－46.

[96] 万小燕. 互联网电商模式创新机制研究——以拼多多为例 [J]. 中国集体经济，2019（28）：106－107.

[97] 汪旭晖，张其林. 多渠道零售商线上线下营销协同研究 [J]. 商业经济与管理，2013（9）：37－47.

[98] 王慧颖. 三方协调背景下的服装全渠道供应链信息平台构建 [J]. 物流科技，2018（3）：118－121，127.

[99] 王寿松. 单种群生长的广义 Logistic 模型 [J]. 生物数学学报，1990（1）：21－25.

［100］王涛．基于组织生态理论的企业分销渠道模式选择研究［D］．
兰州：兰州大学，2009．

［101］王铁明，万涛．分销渠道冲突的成因与协调机制［J］．科技进步
与对策，2005（9）：73－75．

［102］王勇．中美批发业库存周转率及其影响因素对比研究［J］．商业
研究，2013（8）：42－47．

［103］王正沛，李国鑫．消费体验视角下新零售演化发展逻辑研究
［J］．管理学报，2019（3）：333－342．

［104］魏新，何颖，罗伊玲．互联网对商贸流通业就业份额影响分析
［J］．商业经济研究，2017（23）：65－67．

［105］温国强．基于互联网金融的背景下我国商业银行分销渠道转变
研究［J］．经济师，2018（10）：171－172．

［106］吴东升．国际航运企业分销渠道效率与调整策略研究［J］．时代
经贸，2008（7）：169－170．

［107］吴利化．渠道效率评估模型选择［J］．商业时代，2004（5）：
25－29．

［108］吴玲，任佩瑜，陈维政，等．管理系统中的熵理论及利益相关者
框架下企业综合绩效的熵值评估法［J］．软科学，2004，18（1）：36－39．

［109］吴彤．耗散结构理论的自组织方法论研究［J］．科学技术与辩证
法，1998（6）：19－24．

［110］吴宪和，陈顺霞．现代流通经济学教程［M］．上海：上海财经
大学出版社，2020．

［111］夏春玉，等．流通概论（第二版）［M］．大连：东北财经大学出
版社，2009．

［112］夏春玉，张闯．大型零售企业规模扩张的理论解读——兼论流
通企业的性质、规模与边界［J］．商业经济与管理，2004（11）：4－9．

［113］夏海洋，黄培清．混合分销渠道结构下短生命周期产品供应链
库存策略分析［J］．中国管理科学，2007（2）：70－75．

［114］夏海洋，李国振．分销渠道协调与内部价格机制［J］．科技管理

研究，2005（2）：189 - 191.

[115] 肖春兰.基于移动互联网的企业分销渠道创新 [J].商业经济研究，2019（23）：77 - 79.

[116] 肖衡.基于组织生态理论的供应链演化研究 [D].长沙：中南林业科技大学，2010.

[117] 肖兴政.营销心理学 [M].重庆：重庆大学出版社，2013.

[118] 谢朝斌.工业化过程与现代商品流通 [M].北京：东方出版社，1995.

[119] 谢莉娟.互联网时代的流通组织重构——供应链逆向整合视角 [J].中国工业经济，2015（4）：44 - 56.

[120] 严巧云.网络直销与线下分销的竞争性与共生性研究 [D].杭州：浙江工商大学，2015.

[121] 杨慧.流通渠道的变革研究 [D].南昌：江西财经大学，2003.

[122] 杨洁.电子商务背景下的传统营销渠道改造 [J].中国市场，2015（37）：77 - 78.

[123] 杨万寿.我国流通业可持续创新发展机制研究——基于可持续发展目标 [J].商业经济研究，2020（24）：5 - 8.

[124] 杨扬，李弘.基于渠道扁平化的快速消费品分销渠道模式研究 [J].物流科技，2015（7）：17 - 19.

[125] 姚力鸣.现代日本流通结构和流通效率及其与欧美的比较 [J].日本学刊，1992（2）：46 - 56.

[126] 叶敏.分销渠道冲突的成因与规避 [J].商业经济文萃，2006（1）：81 - 82，92.

[127] 易明.电子商务对流通渠道的影响分析 [J].商业研究，2005（1）：153 - 155.

[128] 殷少明.供应链视角下的分销渠道冲突管理 [J].企业活力，2011（9）：36 - 38.

[129] 俞彤晖，陈斐.数字经济时代的流通智慧化转型：特征、动力与实现路径 [J].中国流通经济，2020（11）：33 - 43.

［130］聿东，蔡呈伟．数字化企业的性质：经济学解释［J］．财经问题研究，2019（5）：121－129．

［131］袁纯青．共生理论——兼论小型经济［M］．北京：经济科学出版社，1998．

［132］袁红军．学科服务中学科馆员的知识流动模型构建［J］．图书馆学研究，2016（10）：66－70．

［133］湛垦华，孟宪俊，张强．涨落与系统自组织［J］．中国社会科学，1989（4）：173－184．

［134］张炳凯，郭媛．新零售背景下快消品分销渠道变革——以 B2B 平台模式为例［J］．商业经济研究，2019（3）：58－61．

［135］张闯．美国商品流通渠道的结构与变迁——基于美国经济史的研究［J］．商业经济与管理，2005（8）：19－25．

［136］张闯，夏春玉．渠道权力：依赖、结构与策略［J］．经济管理，2005（2）：64－70．

［137］张广玲．分销渠道管理［M］．武汉：武汉大学出版社，2005．

［138］张红凤，张细松．环境规制理论研究［M］．北京：北京大学出版社，2012．

［139］张生玲．改革开放以来我国流通体制改革发展理论回顾［J］．中国流通经济，2009（4）：16－19．

［140］张世新，陈桂泉．分销渠道效率评价指标研究［J］．商场现代化，2011（7）：32－33．

［141］张世新，孙永磊，宋晶．分销渠道国际化的对策分析［J］．对外经贸实务，2009（12）：46－48．

［142］张铁男，程宝元，张亚娟．基于耗散结构的企业管理熵 Brusselator 模型研究［J］．管理工程学报，2010（3）：103－108．

［143］张婷，景刚．提高顾客满意度的研究与对策［J］．中国管理信息化，2016（10）：87－88．

［144］张彤．基于共生理论的全渠道物流体系构建［J］．商业经济研究，2018（3）：112－115．

[145] 张晓. 互联网经济背景下供应链管理模式的创新思考 [J]. 营销界, 2020 (30): 31 – 32.

[146] 张晓艳, 王涛. 基于组织生态理论的企业分销渠道模式选择 [J]. 商业时代, 2010 (15): 24 – 26.

[147] 张燚, 张锐. 企业生态系统的构成及运行机制研究 [J]. 科技管理研究, 2005 (3): 58 – 61.

[148] 赵蓓, 孙安龙. 汽车行业分销渠道管理思考 [J]. 现代商贸工业, 2013 (1): 83 – 85.

[149] 赵驰, 周勤. 基于自组织视角的科技型中小企业成长研究 [J]. 软科学, 2011 (10): 94 – 100.

[150] 赵红, 陈绍愿, 陈荣秋. 生态智慧型企业共生体行为方式及其共生经济效益 [J]. 中国管理科学, 2004 (6): 130 – 136.

[151] 赵凯. 零售企业规模经济的实证分析——百货、超市和专业店的角度 [J]. 财贸经济, 2008 (3): 98 – 103.

[152] 赵凯. 零售企业规模扩张侵占供应商利益实证研究 [J]. 经济与管理研究, 2009 (4): 85 – 90.

[153] 赵庭悦. 基于区块链的电商供应链物流管理模式优化研究 [J]. 物流科技, 2021, 44 (11): 114 – 116.

[154] 郑师章, 吴千红, 王海波, 等. 普通生态学研究——原理、方法和应用 [M]. 上海: 复旦大学出版社, 1994.

[155] 郑勇军, 郑红岗. 专业市场与电子商务融合发展模式及对策 [J]. 中共浙江省委党校学报, 2016 (3): 65 – 70.

[156] 中国分销体系现状与发展前景课题组. 中国分销体系的现状及问题 [J]. 中国外资, 1998 (12): 17 – 20.

[157] 中国人民大学书报资料中心经济编辑部课题组, 李军林, 张妮. 2017 年中国经济学与管理学研究热点分析 [J]. 经济学动态, 2018 (4): 89 – 102.

[158] 钟庭军, 刘长全. 论规制、经济性规制和社会性规制的逻辑关系与范围 [J]. 经济评论, 2006 (2): 146 – 151.

［159］周冰，杨敏．流通组织的困境、成因及对策——基于中间层组织理论的视角［J］．商业经济研究，2017（14）：104－106.

［160］周凌云．组织生态学视角下铁路物流基地成长机理及对策研究［J］．铁道运输与经济，2018（6）：35－41.

［161］周文辉，陈晓红．商店形象、顾客满意度与忠诚度关系的实证研究［J］．预测，2008（5）：27－32，37.

［162］周作伟．基于美国流通企业兴衰的研究探讨我国批发企业的对策［J］．商业研究，2001（8）：125－127.

［163］庄贵军．权力，冲突与合作：西方的渠道行为理论［J］．北京商学院学报，2000（1）：8－11.

［164］庄贵军．营销渠道管理（第二版）［M］．北京：北京大学出版社，2012.

［165］邹辉霞．香港利丰公司供应链管理创新及其启示［J］．科技进步与对策，2002（12）：96－98.

［166］Drejer, I. J. & Øgensen, B. H. The dynamic creation of knowledge: Analyzing public-private collaborations［J］. *Technovation*, 2005, 25（2）: 83－94.

［167］Feng, L. The Digital Transformation of Business Models in the Creative Industries: A Holistic Framework and Emerging Trends［J］. *Technovation*, 2020, 92－93, April－May, 102012.

［168］Haken, H. *Synergetics: an introduction*［M］. 3rd Ed. Berlin: Springer－Verlag, 1983.

［169］Ilvonen, I. Thalmann, Stefan. & Manhart, M. Reconciling Digital Transformation and Knowledge Protection［J］. *Knowledge Management Research & Practice*, 2018, 7: 1－10.

［170］Lee, J. Bagheri, B. & Kao, H. A. A Cyber－Physical Systems Architecture for Industry 4.0－Based Manufacturing Systems［J］. *Manufacturing Letters*, 2015, 3: 18－23.

［171］Loebbecke, C., Picot, A. Reflections on Societal and Business

Model Transformation Arising from Digitization and Big Data Analytics: A Research Agenda [J]. *The Journal of Strategic Information Systems*, 2015, 24 (3): 149 – 157.

[172] Magrath, A. J, & Hardy, K. G. Selecting sales and distribution channels [J]. *Industrial Marketing Management*, 1987, 16 (4): 273 – 278.

[173] Nonaka, I. A Dynamic Theory of Organizational Knowledge Creation [J]. *Organization Science*, 1994, 5 (1): 14 – 37.

[174] Rosenbloom, B. Marketing functions and the wholesaler [J]. *Distribution Research and Education Function*, 1987 (6): 73 – 78.

[175] Spender, J. C. Making Knowledge the Basis of a Dynamic Theory of the Firm [J]. *Strategic Management Journal*, 1996, 17: 45 – 62.

[176] Teece, D. J. Business models, business strategy and innovation [J]. *Long Range Planning*, 2010, 43 (2): 172 – 194.

[177] Teece, D. J. *Managing intellectual capital: Organizational, strategic, and policy dimensions* [M]. London: Oxford University Press, 2000.

[178] Velu, C. Business model innovation and third-party alliance on the survival of new firms [J]. *Technovation*, 2015, 35: 1 – 11.

[179] Werber, J. A. & Dholakia, U. Planning market share growth in mature industrial markets [J]. *Industrial Marketing Management*, 1998 (27): 401 – 428.

[180] Yu, Q., Barnes, B. R. & Ye, Y. Internal Market Orientation, Interdepartmental Relationships and Market Performance: The Pivotal Role of Employee Satisfaction [J]. *European Journal of Marketing*, 2022, 56 (5): 1464 – 1487.

[181] Zott, C., Amit, R. & Massa, L. The business model: Recent developments and future research [J]. *Journal of Management*, 2011, 37 (4): 1019 – 1042.